KIRCHE IM ENDKAMPF

Eine Schriftenfolge zum Thema
«Kirche und Freimaurerei»

von Hans Baum

Heft 1

Freimaurerischer Satanismus heute

Oktober 1975

CHRISTIANA-VERLAG, STEIN AM RHEIN

Erste Auflage 1975

© CHRISTIANA-VERLAG
CH-8260 STEIN AM RHEIN / SCHWEIZ

Buchdruckerei Schmid-Fehr, 9403 Goldach SG
Printed in Switzerland

ISBN 3 7171 0633 3

Inhalt

«Wenn wir von gewissen Dingen der Freimaurerei sprechen, dann ist es einfach Wahrheit, daß die meisten Freimaurer keine Ahnung haben von dem, was wir sagen ...»

Gebhard Frei

Freimaurerhymne für «Wissende»

... Ein schönes und schreckliches Monstrum wirft die Ketten ab,
läuft über die Ozeane, läuft über die Erde:
Glühend und rauchend wie die Vulkane
überwindet es die Berge, verschlingt es die Täler ...

Wie ein Wirbelwind verbreitet es den Atem:
Es geht vorüber, o Völker, *Satan der Große* ...

Er fährt wohltätig von Ort zu Ort
auf dem ungezügelten Feuerwagen ...

Sei gegrüßt, *o Satan,* o Rebellion,
o rächende Macht der Vernunft!
Heilig sollen zu dir emporsteigen
der Weihrauch und die Gelübde ...»

(Aus der «Satanshymne» des Freimaurers
G. Carducci, 1835—1907)

Freimaurergesänge für Nicht-«Wissende»

Brüder, reicht die Hand zum Bunde!
Diese schöne Freundschaftsstunde
führ uns hin zu lichten Höh'n.
Laßt, was irdisch ist, entfliehen;
uns'rer Freundschaft Harmonien
dauern ewig, fest und schön ...»

(Aus dem «Bundeslied» von
Schikaneder/Mozart)

In diesen heil'gen Hallen
kennt man die Rache nicht,
und ist ein Mensch gefallen,
führt Liebe hin zur Pflicht.
Dann wandelt er an Freundes Hand
vergnügt und froh ins beß're Land.

In diesen heil'gen Mauern,
wo Mensch den Menschen liebt,
kann kein Verräter lauern,
weil man dem Feind vergibt.
Wen solche Lehren nicht erfreu'n,
verdienet nicht, ein Mensch zu sein.

(Aus der «Zauberflöte» von
Schikaneder/Mozart)

Zur Einführung

Hans Baum, der Verfasser der Bücher «Die apokalyptische Frau aller
Völker» und «Das Ultimatum Gottes», unternimmt mit der Schriftenfolge *Kirche im Endkampf* eine Flucht in die Öffentlichkeit, um in der
katholischen Kirche Deutschlands alle Bischöfe, Geistlichen und Laien
aufzurufen, sich dem freimaurerisch gesteuerten Progressismus und
seinen Hintermännern zum Kampfe zu stellen.

Die katholische Kirche befindet sich auf dem direkten Weg zum *freimaurerischen Unitarismus,* das heißt zur allmählichen Entwöhnung des
Klerus und der übrigen Gläubigen vom Glauben an die Heilige Trinität
und zur heimtückischen Hineingewöhnung in den Glauben an einen einpersonalen Gott, wie ihn das Judentum und der Islam lehrt und anbetet.

Diese *lautlose Unitarisierung* soll zunächst eine Pseudo-Ökumene innerhalb der christlichen Konfessionen herbeiführen, welche die Basis für
eine «Ökumene» mit dem Islam und dem Judentum, und über diese zu
einer einheitlichen unitaristischen Weltreligion, mit dem «Allmächtigen
Baumeister Aller Welten» der Freimaurer als Hauptnenner, schaffen
soll.

In der angekündigten Schriftenreihe soll dieser Betrug Zug um Zug ent-
larvt werden. Als Leser der Hefte sind nicht nur Katholiken eingeladen,
sondern alle Christen, die an den dreifaltigen Gott und damit an die
Gottheit Christi glauben. Darüber hinaus wendet sich die Schriftenreihe
auch an jene Progressisten und Freimaurer, die sich dem Ausverkauf
unseres Glaubens aus Unwissenheit zur Verfügung stellten. Möge der
Schock, den diese Enthüllungen bei jedem gutwilligen Leser auslösen
dürften, in Deutschland eine *Front der Anständigen* schaffen, mit deren
Hilfe das Gelichter, das unser Volk religiös betrügt und zu mißbrauchen
versucht, endlich der Demaskierung und der Unschädlichmachung zuge-
führt werden kann.

Die Schriften der Reihe erscheinen unregelmäßig. Sie können einzeln
oder im Abonnement mit Widerrufvorbehalt gegen Rechnung direkt vom
Verlag bezogen werden.

1. Die allerletzte Überlebens-Chance der katholischen Kirche

Wenn das Thema lautet «Freimaurerischer Satanismus — *heute*», so besagt dieses «heute» nicht, daß sich diese spezielle Art des Satanismus seit gestern geändert hätte. Was sich geändert und, wie ich präzisieren möchte, verbessert hat, sind die Möglichkeiten und die Ergebnisse der Entlarvung dieses Satanismus.

Hierzu sei folgendes gesagt: Die Freimaurerei glich bis vor einiger Zeit einer Armee, die sich auf dem Höhepunkt eines sich durch einen langen Zeitraum hinziehenden Krieges zur Entscheidungsschlacht bereitstellt. In diesem Stadium des Kampfes mußte sie jedoch die Tatsache der Bereitstellung zu verheimlichen, zu verschleiern suchen, um die Vorteile eines Überraschungsmoments nutzen zu können und um den Gegner, die katholische Kirche, zur Sorglosigkeit zu verleiten. Mit der Ankündigung des Zweiten Vatikanischen Konzils durch Papst Johannes XXIII. schien die Sorglosigkeit der Kirche ihren letztmöglichen Grad erreicht zu haben, so daß man nur noch das Ende des Konzils abzuwarten brauchte, um, wie es in der Sprache der militärischen Taktik heißt, aus der Bereitstellung «hervorbrechen», d. h. zum offenen Angriff übergehen zu können.

Diese Strategie hat sich inzwischen zwar als im Ansatz richtig erwiesen. Was dieser Strategie aber in der Konzilsphase selbst erhebliche Schwierigkeiten bereitete, war der unerwartete Tod Johannes XXIII. und die darauffolgende Tempoänderung bei den Konzilsberatungen. Man mag Papst Paul dem VI. sein bisheriges Kampfverhalten noch so sehr als Opportunismus ankreiden: Das verhältnismäßig rasche Durchziehen der glaubenskonformen Konzilsvorlagen unter seiner Konzilsleitung nahm denen, deren freimaurerische Order «die Pseudoökumene» lautete, die Luft weg, so daß sie gezwungen wurden, das, was sie im Konzil nicht zu erreichen vermochten, auf die Jahre oder Jahrzehnte der Konzilsverwirklichung zu verschieben. Eine ausreichende Zahl von «nützlichen Idioten» in Theologie und Hierarchie hatte man vorsorglich in Reserve gehalten. Sie konnte und mußte man nach Abschluß des Konzils nun weiterhin ins Gefecht schicken, um für den durch die Taktik Pauls VI. hinausgeschobenen Endkampf mit der Kirche neue und bessere Ausgangspositionen gewinnen zu können. Für diese Art Katz-und-Maus-Spiel der Freimaurerei gibt es in der Weltpolitik einige Parallelen, die gerade jetzt besonders deutlich werden. Ich meine die Bemühungen Henry Kissingers um den Frieden in Vietnam und im Nahen Osten. Kissingers Kapitalfehler war und ist die Falscheinschätzung von Gegnern und von deren Absichten. Diese Falscheinschätzung führte zwar zu Goodwill-Abmachungen zwischen den Gegnern, aber die eigentlichen Aggressoren dachten nicht daran, sich daran zu halten. Sie benutzten die hierbei entstandene Kampfpause zum Kleinkrieg der Lageverbesserung, um plötzlich zur Großoffensive überzugehen. In Vietnam brachen Kissingers Fiktionen inzwischen zusammen. Im Nahen Osten, wo die Dinge komplizierter sind, muß sich erst noch erweisen, welche Seite die aggressivste ist. Henry Kissingers Rolle fand und findet Nachahmer durch Polit-Epigonen wie Brandt/Scheel, wie General Spinola, wie Erzbischof Casaroli und andere Illusionisten im politischen Schaugeschäft unserer Tage.

Im Endkampf zwischen der Freimaurerei und der katholischen Kirche zeichnet sich zur Zeit eine noch viel verzweifeltere Lage für den Nichtaggressor ab als in Fern- und Nahost.

Die Kirche hatte sich in ihrem Kampf gegen ihren Todfeind seit jeher mehr oder weniger auf die Abwehr beschränkt. Das war ihr Kapitalfehler gegenüber der in der Welt ständig an Boden gewinnenden Gegenkirche. Als die aggressive Freimaurerei dann eines Tages die Taktik änderte und als Wolf im Schafspelz «friedlich» um die Mauern der Kirche strich, verfügten die Verteidiger der Kirche kaum mehr über die Erfahrung zur Unterscheidung der Geister, um Wölfe und Schafe voneinander unterscheiden zu können. Und die Waffen, die sie jetzt benötigt hätte, hatte sie in der bloßen Abwehr nicht entwickeln können. Christus hat ihr zwar den Auftrag mitgegeben, nicht dem Frieden, sondern dem Schwert zu dienen. Aber das konnte sich doch unmöglich auch auf den Umgang mit den friedfertigen «getrennten Brüdern» da draußen vor dem Tor beziehen! Also öffnete man dieses Tor, zuerst zum «Gespräch», dann zur «Versöhnung», und wenn Gott nicht bald so kräftig an den Mauern der Kirche rüttelt, daß den Träumern und Schläfern darinnen die Augen aufgehen, wird die Freimaurerei in absehbarer Zeit nicht nur die müden Kirchenlichter von den Leuchtern nehmen und ihr eigenes Licht dort aufstellen. Sie wird auch die Stubenhocker von den Stühlen stoßen und ihre eigenen Leute daraufsetzen, ohne dabei sogar vor dem Stuhl Petri haltzumachen. Denn auf dessen Inbesitznahme hat die Gnosis ja fast zwei Jahrtausende hindurch mit viel Intelligenz und Fleiß hingearbeitet. Ob wir heute in den Vatikan hineinsehen oder in die unseren Blicken zugänglichen Episkopate: überall das gleiche Bild eines sich rapide ausbreitenden freimaurerischen Unitarismus und Progressismus.

Wenn man entsetzt fragt, was man überhaupt noch unternehmen könnte, um den sich abzeichnenden Untergang der Kirche noch in letzter Stunde abwenden zu helfen, so wird uns die Antwort aus der Situation heraus von selbst zuteil. Sie lautet: Betet um das *Wiedererstrahlen des Heiligen Geistes* über Kirche und Welt und seid gleichzeitig bemüht, der Freimaurerei den Schafspelz über den Kopf zu ziehen, damit sie vor Zorn die Zähne zeigen muß und Papst und Bischöfe, Priester und Theologen endlich sehen, daß es *Wolfszähne* sind.

Sinn und Zweck unserer Überlegungen ist es nun, aufzuzeigen, welche Waffen des Wissens wir der kampfungewohnten Amtskirche von heute zur Verfügung stellen müssen, damit sie in der Freimaurerei aufs neue ihren Todfeind erkennt und für den Fall, daß uns das gelingt, statt der Wiederaufnahme der Verteidigung den längst fällig gewesenen *Gegenangriff* wählt.

Mit diesem Versuch zeichnet sich die *allerletzte Überlebens-Chance* der römischen Kirche ab. Mißlingt der Versuch, nimmt die freimaurerische Pseudo-Ökumene unbehindert ihren Fortgang, deren Ziel, *die freimaurerisch gesteuerte Weltkirche,* bereits zum Greifen nahe vor uns auftaucht.

2. Der gegenwärtige heilsgeschichtliche Standort der Kirche bzw. der Menschheit

Besäße die heutige Kirche noch die Gabe der Unterscheidung der Geister, hätte sie längst erkennen müssen, daß wir uns mitten in den prophetisch angekündigten Letztzeitereignissen befinden. Hocheingeweihte der Gegenkirche, der Freimaurerei, verfügen gleich ihrem Herrn und Meister über diese Gabe, weil sie eschatologisch wach blieben, als die Geweihten der Kirche sich eschatologisch schlafen legten. Die Satanisten der Kerngnosis wissen, daß das Gericht nahe und ihr Wirken nur noch von kurzer Dauer ist. Dieses Wissen reizt sie zu Unternehmungen von solch außergewöhnlichen Begleiterscheinungen, daß eigentlich der Dümmste merken müßte, daß hier etwas bisher Niegekanntes losgelassen ist. Was sonst als Satan und die Dämonen konnten und können als Inspiratoren in Frage kommen bei dem, was man heute in Jazzkellern und Jazzfestivals, in Ausstellungen moderner Kunst, in Theatern und Kinos, in Konzerten und im Fernsehen, in Presse und Schrifttum aller Art an Absurdem und Häßlichem, an dämonischem Lärm und an dämonischem Gerülpse, an Widerlichkeiten und Unflätigkeiten zu hören und zu sehen, mitunter auch zu riechen bekommt? Wer anders als der Durcheinanderwerfer mißbraucht die Anfälligkeit junger Menschen gegen dämonische Inspirationen zu dem, was man heute mit Baader-Meinhof, mit Jürgen Bartsch, mit der Manson-Gruppe, mit allen möglichen politisch oder sonstwie abartigen Gruppen und Desperados zu firmieren pflegt? Und wer soufliert so eifrig hinter glatten Frauen- und denkumwitterten Männerstirnen, wenn es in Regierungen, Parlamenten und sonstigen Gremien um die Sanktionierung oder Legitimierung von Kindermord und Sterbehilfe, von Ehebruch und sexualpädagogischem Mißbrauch der Kinder und Jugendlichen geht? Und selbst dort, wo man das letztzeitliche Losgelassensein der Satanie noch nicht unmittelbar am Werke sieht, weist alles auf die immer näher rückende Wand des Endes der menschlichen Geschichte hin. Dem Komponisten, dem Maler, dem Bildhauer, dem Architekten, der Kunst insgesamt bieten sich keine Wege zu neuem oder neuartigem echtem Schaffen mehr an, und wer hier nicht verrückt spielt, um auf diese Weise Fortschritt vorzuspiegeln, bleibt unbeachtet am Wege liegen. Wo Kunst als solche am Ende ist, hat auch der *sakralen* Kunst die Stunde geschlagen. Was man in moderne Kirchen hineinstellt, ist entweder Modekitsch oder Rückgriff auf Zeitloses der Vergangenheit oder kaum noch verhüllter, kaum noch überbietbarer blasphemischer *Kunstdämonismus.* In solch allgemeiner Ausweglosigkeit kommt es unabweisbar zur allgemeinen Krise, zur totalen Resignation. Krise und Resignation jedoch sind nur neue Anreize für den Vater der Lüge. Wo zu Echtem kein Weg mehr führt, bietet er Wege zu Unechtem an, gibt er den Start frei für die Pseudokunst, für die Kunst des Irrationalen, des Unverbindlichen und Abstrakten, des Super-Intellekts und des Primitivismus, des mathematisch Erkünstelten und des Chaotischen, dies alles in der Absicht, Tarnnetze zu schaffen, hinter denen sich dem tiefer Blickenden eine Welt auftut, die bis heute noch nie als existierend phänomenologisch nachweisbar gewesen war, die Welt der «Goldenen Dämmerung», die Welt der alles bis ins Kleinste hinein in ihre Gewalt zwingenden *Magie.* Wir leben heute unter einer solchen *Weltherrschaft der Magie* und es ist zu befürchten, daß ihre Perfektionierung noch gar nicht erreicht ist, daß uns hier also noch einiges bevorsteht in den kommenden Jahren.

Da eine Zeit des Losgelassenseins Satans und der Dämonen der Phänomenologie des Satanismus und Dämonismus, der *Dämonologie,* einmalige Forschungsmöglichkeiten bietet, müßte eine intakte Kirche dasselbe tun, was eine intakte Armee im Falle reger Bewegungsanzeichen von gegnerischer Seite her tut: Die Kirche müßte Feindaufklärung befehlen und alles aufbieten, die vorhandene Gelegenheit hierzu zu nutzen.

Da die Kirche schläft, wir als Angehörige dieser Kirche deshalb aber keineswegs aus der Verpflichtung zur Wachsamkeit entlassen sind, haben wir uns vor vielen Jahren dazu entschlossen, stellvertretend für die Amtskirche zu handeln und die Stunde der Feindaufklärung zu nutzen.

Was ich in meinem Falle dabei nach Hause bringen konnte, müßte ausreichen, die Kirche in der Freimaurerfrage zur Aktion anzuspornen, falls sie hierzu vom Hl. Geist neue Anstöße erhalten sollte. Ohne diese Wegbahnung durch den Hl. Geist könnten wir Soldaten der Kirche mit Engelszungen und die Provokateure der Gegenkirche mit Teufelszungen reden, ohne gehört zu werden. Das ist keine bösartige Unterstellung, sondern eine langjährige und durch zahlreiche Versuche am untauglichen Objekt bewiesene Erfahrung.

Erst wenn sich die Kirche wieder für die Sprache des Hl. Geistes, die *Prophetie,* interessiert, wird sie die Letztzeitlichkeit unserer Epoche und das Herannahen des Endes erkennen.

Und erst wenn sie diese Erkenntnis besitzt, wird sie die Notwendigkeit des Angriffes gegen die Synagoge Satans erkennen. Denn es kann und darf ihr doch nicht gleichgültig sein, wer zuerst das Ziel unseres Marathonlaufs durch die irdische Geschichte erreicht: Der Papst einer vom Hl. Geist belebten Kirche Jesu Christi oder der vorzeitig mit «Bogen» und «Kreuz» des ersten apokalyptischen Reiters ausgestattete Pseudopapst einer betrogenen und belogenen Pseudokirche. Zur Zeit haben wir zwischen beiden Kategorien noch die Wahl! *Jedoch nicht mehr lange!*

3. Die Frage nach der Existenz Satans und der Dämonen

Es ist schon schlimm genug, wenn die Verteidiger einer Festung mit dem Feind kollaborieren. Weit schlimmer, wenn nicht schlechthin unüberbietbar leichtfertig und dumm ist es, wenn sich in der Führung der Verteidigung die Meinung breitmacht, es sei überhaupt kein Feind mehr da, ja, es habe ihn im Grunde nie gegeben, man habe sich von einer Fiktion in den Harnisch zwingen lassen und könne sich nun in Schlafrock und Pantoffeln ausruhen und allem, was man für den Erzfeind gehalten hatte, die Friedenshand reichen. Denn, so argumentieren diese Leichtfertigen, der Teufel und seine Gefolgschaft haben sich in den Mythos zurückgezogen, aus dem sie als fiktive Personifikationen des Bösen in der Welt in unerleuchteten Zeiten hervorgekrochen waren. Die Bibel habe sich dieser Symbole nur deshalb bedient, weil sie sonst weder von den armen «Zurückgebliebenen» vor zweitausend Jahren, noch von denen des «finsteren Mittelalters» verstanden und akzeptiert worden wäre. Heute aber, in unserer Welt des vom Geist emanzipierten und destillierten Intellekts, sei es höchste Zeit, Abschied vom Teufel zu nehmen und das Böse in der Welt als gesetzlich geschütztes Patentmonopol des Menschen zu deklarieren.[1]

Abgesehen davon, daß eine solche Alleinbelastung des Menschen mit den entsetzlichen Exzessen und Verbrechen unserer Zeit einer völligen Verzeichnung und Verteufelung des Ebenbildes Gottes gleichkäme, muß man sich fragen, wovon uns denn eigentlich der gekreuzigte Gottessohn erlöst haben sollte, nachdem wir heute trotz allem am Rande der verbrecherischen atomaren Selbstvernichtung stehen und sogar diejenigen verzweifelt nach einem Ausweg suchen, die den Finger auf den Knopf zu drücken haben, wenn es irgendwer oder irgendwas von ihnen fordert.

Haben es die Mächtigen dieser Erde überhaupt in der Hand, hier freie Entscheidungen zu treffen? Stehen über und hinter ihnen nicht weit Mächtigere im Schatten des Geheimnisses der Bosheit, aus dem heraus sie Freund und Feind gleichermaßen zu belügen, zu betrügen und zu mißbrauchen vermögen, weil alle gleichermaßen zu feige sind, dieses Geheimnis mit dem Lichte des Hl. Geistes auszuleuchten und in die Hölle zurückzuscheuchen.[2]

Der Kirche, den Theologen, dem Klerus unserer Tage möchte man die Frage zurufen: Warum in die Ferne schweifen, wenn die Wahrheit — die Wahrheit über die Existenz des Teufels — liegt so nah? Da wälzt man die Heilige Schrift, um den Teufel zu beweisen oder zu leugnen. Da wälzt man Bücher über Parapsychologie, Faktor Psi, Telekinese, Tiefenpsychologie und weiß Gott was, um den lästigen Teufel endlich ganz loszuwerden, und übersieht dabei das Kleine, das Naheliegendste. Ich meine das Zeugnis jener Männer, die den Teufel und seine Komplizen oft schon weit gesprächiger und zerknirschter vor sich hatten als die Richter eines Schwurgerichts ihre ertappten armen Sünder: die *Exorzisten*. Auf ihr Zeugnis verzichten heißt den Hochmut auf die Spitze treiben, heißt das eigene Vorurteil über das Urteil von Augenzeugen stellen, ist nichts weiter als eitle Einfaltspinselei. Wer ohne Herumreden um klare Fakten an Disziplinen wie Satanologie und Dämonologie herantritt, wo, wie in jeder echten Wissenschaft, nur die Fakten gelten, braucht nicht an die Existenz Satans zu *glauben* oder darüber zu spekulieren, er *weiß* um sie. Wenn man vom Exorzismus und von exorzistischer Erfahrung spricht, wird man vor allem die beiden Bücher von P. Adolf Rodewyk[3] nennen müssen.

Der voreilige «Abschied vom Teufel», mit dem ein dämonologisch ahnungsloser Theologe sich blamieren zu müssen glaubte, wurde außerdem allein schon durch den Tatsachenbericht «Die Macht Mariens über die Dämonen» von P. Benedikt Stolz OSB ad absurdum geführt.[4]

Natürlich sind Exorzistenberichte nicht die einzigen modernen Erkenntnisquellen der Dämonologie. Wer sich in dieser Wissenschaft besonders gründlich informieren will, braucht nur den Versuch zu machen, einen Blick in die «Esoterik» des modernen Satanismus zu werfen und sich gewissermaßen bei den «Fachleuten» des Satanismus umzusehen.

Von deren Existenz, Literatur, Wirksamkeit und weltbeherrschendem Treiben haben Dilettanten vom Schlage eines Herbert Haag wohl kaum einen Schimmer, sonst würden sie ihre «theologischen Meditationen» über den Teufel schleunigst aus dem Verkehr ziehen.

Wie man bei solch geistigem Flachland von der heutigen Theologie noch erwarten soll, daß sie ohne persönliche Konfrontierung mit Satan dessen Entlarvung in der Johannesapokalypse jemals begreifen oder gar exegetisch bewältigen würde, steht in den Sternen. Dabei sollten doch gerade die Theologen die Garantie dafür abgeben, daß der vom Dämonismus gepeinigte Mensch unserer Tage noch rechtzeitig zu erkennen vermag, welches die Mächte sind, die um das ewige Schicksal seiner Seele ringen.

Der moderne Mensch wird seinem vielgerühmten Realismus immer dann rasch untreu, wenn ihm Phänomene begegnen, die nicht in sein Weltbild, sprich Weltvorurteil, passen. Ihm muß erst allmählich wieder zum Bewußtsein gebracht werden, was letzterem durch vermeintliche Entwicklung in den letzten Jahrhunderten verlorengegangen ist, nämlich die Dimension des dem menschlichen Sein übergeordneten *Seins der Geistwesen,* seien es solche mit positivem oder solche mit negativem Vorzeichen. Das Produkt des Humanismus, das der heutige Mensch darstellt, ist von sich aus gar nicht mehr fähig, die Dreidimensionalität des erfahrbaren Seins zurückzugewinnen. Was über die zweite Dimension, die Dimension des Menschseins, hinausgeht, funktioniert das geschrumpfte Bewußtsein, der reine Intellekt, in angebliche physische oder psychische Grenzüberschreitungen um.[5] Die sogenannten Grenzwissenschaften, die Parapsychologie, der Faktor Psi usw. dienen im modernen Bewußtsein der dritten Dimension als Pferch. In Wahrheit ist dieser Pferch aber leer, denn Fiktionen sind keine Realitäten. Diese bleiben vom Weltvorurteil des geschrumpften Bewußtseins unberührt und unerkannt, welches nur aus der billigen Devise heraus, daß nicht sein kann, was angeblich nicht sein darf, argumentiert. Das Nichtseindürfen ist die Wurzel aller Übel unserer Zeit, des Zeitalters der lebensbedrohenden Fiktionen.

Ein nahezu alltäglicher Vorgang wie der Exorzismus eines gläubigen Priesters beweist, daß Satanologie als wissenschaftliche Disziplin, mag es sich um ihre phänomenologische oder um ihre theologische Komponente handeln, im Exorzismus ihr wertvollstes und zuverlässigstes Beweismaterial vorfindet und daß man es nicht nötig hat, sich in die Gefahren des Experimentierens mit Satan und den Dämonen zu begeben, wie es die freimaurerische Lehre vom «großen Baumeister aller Welten» von ihren Anhängern fordert. Wer sich in den Strahlbereich der Magie begibt, muß, wenn er ihm wieder entrinnen will, Haare lassen. Darum wird nach Off. 2, 24 jenen «keine weitere Last» auferlegt, «die solche Lehre nicht teilen und die Tiefen Satans, wie sie (d. h. die Anhänger dieser Lehre) es nennen, nicht ergründen wollen». Zudem führt der Umweg der Freimaurer über Ritual und Magie zum Irrtum, der kurze Weg über den Exorzismus zur Wahrheit über den Teufel. Wo man den Teufel solange mit Gott verwechselt, bis man ihm endgültig verfällt, ist man einem Satanismus aufgesessen. Dies werden wir zu belegen und zu beweisen haben, wenn wir von freimaurerischem Satanismus sprechen werden. Deshalb möchte ich noch ein Zitat aus dem Buch «Satans Macht

und Wirken» von Pfarrer Sutter beifügen, wo von dem einem Jungen einwohnenden Dämon berichtet wird: «Ihm (dem Dämon) waren Juden, Irrgläubige und *besonders Freimaurer* viel sympathischer. 'Das sind brave Leute', sagte er zuweilen, 'so sollen alle sein. Sie wollen die wahre Freiheit. Sie sparen unserem Meister viel Mühe und gewinnen ihm viele Leute. Aber die Dreckler (die Katholiken) und die Schwarzkutter fügen ihm großen Schaden zu und entreißen ihm viele Seelen'.»[6]
Hoffentlich nehmen sich die «Dreckler und Schwarzkutter» unserer Tage dies bald wieder zu Herzen.

4. Die Entäußerungsweisen des freimaurerischen Satanismus

Da Satan existiert und auf das Leben des Einzelmenschen sowie auf das Tun und Lassen von Staat und Kirche im Rahmen seiner jeweiligen Zulassung möglichst großen Einfluß zu nehmen sucht, ist er unter anderem auf menschliche Institutionen angewiesen, die ihn bei seinen Absichten unterstützen. Um dabei nicht mit der Tür ins Haus zu fallen, müssen diese Institutionen ihr Gesicht wahren, d. h. sie müssen sich hinter einer Fassade verstecken, die jener einer christlichen Kathedrale, einer islamischen Moschee oder einer jüdischen Synagoge zum Verwechseln ähnlich sieht. Deshalb bezeichnet die Apokalypse diese Institutionen als die «*Synagoge Satans*». Im modernen Sprachgebrauch heißt diese Kommunismus und Freimaurerei, wobei wir unter Freimaurerei nicht das verstehen, was gewisse schlecht informierte Untergruppierungen derselben darunter verstanden wissen möchten, sondern das, was sich uns aus der Vogelperspektive wissenschaftlicher Objektivität als Freimaurerei im weitesten, im Vollsinne erweist.
Die Menschen, die im Dienste der Freimaurerei stehen, fühlen sich größtenteils als Bausteine ihrer humanitären Fassade. Sie stehen jedoch im unmittelbaren Dienste des Satanismus, auch wenn sie selbst gar keine Satanisten zu sein brauchen. Da sie das ABC des Satanismus, wenn auch unter verfälschten Etikettierngen, auf jeden Fall beherrschen müssen, stellen sie den Fischteich Satans dar, aus dem jene Fische, die zum Hecht im Karpfenteich herangewachsen sind, herausgefischt und in besondere Zucht genommen werden. Diese Hechte sind die Hochgrade, aus denen als letzte spärliche Auslese die eigentlichen *Wissenden* bzw. Satanisten hervorgehen, die zugleich die geheime Planung und Regie der großen Weltverbrechen zu betreiben haben.[7]
Das ist in etwa das Bild, das man aus der Vogelschau des objektiven Betrachters von der Freimaurerei gewinnt. So uneins die Synagoge Sa-

tans auch erscheinen mag: Gemeinsam ist *allen* ihren Mitgliedern die «Einbannung» in die Magie des Bruderbandes bzw. die Bruderkette der Magie und die Gegnerschaft zur dogmatisch geordneten und verpflichtenden Kirche.

Bevor wir die einzelnen Entäußerungsweisen des freimaurerischen Satanismus etwas näher ins Auge fassen, möchte ich die wichtigsten kurz aufzählen. Es sind dies im wesentlichen die Magie des Bruderbandes bzw. die *Bruderkette der Magie,* die *Magie des freimaurerischen Symbolismus* im alten und neueren Ritus, die *Magie satanischer und unitaristischer Rituale der Hochgradfreimaurerei,* der *Symbolik des satanischen und unitaristischen Würfel- oder Primärkreuzes,* der *Symbolik sonstiger Satanskreuze, Zeichen* und *Amulette,* ferner die *Magie der Pseudosymbolik zur Apokalypse, der modernen «sakralen Kunst»* sowie des *freimaurerisch gesteuerten Pansexualismus* und mit diesem *der Satanismus des freimaurerisch gesteuerten Panmagismus* überhaupt. Einen Anspruch auf Vollzähligkeit will diese Aufzählung natürlich nicht erheben. Nehmen wir die hier genannten Entäußerungsweisen des freimaurerischen Satanismus etwas näher unter die Lupe.

a) Die Magie der Bruderkette bzw. das Bruderband der Magie

Viele Arbeitstafeln oder Teppiche in Freimaurerlogen weisen, gewissermaßen als Dachprinzip der Freimaurerei, das Bruderband mit der oder den Lemniskaten, einer Art von Achterschlaufen, auf (Taf. I). Dieses Symbol der liegenden Acht weist auf das Verbundensein mit den «Planetengeistern», mit den Dämonen überhaupt, hin. Letztere sind durch dieses Zeichen mit in die Bruderkette hineingenommen. Kein Freimaurer wird es wagen, die Rache der Magie auf sich zu ziehen oder sich ihr zu entziehen versuchen, auch dann nicht, wenn er gesinnungsgemäß Christ geblieben oder wieder geworden ist.

Wie dieses Bruderband der Magie funktioniert, kann ich an zwei Begegnungen mit demselben kurz demonstrieren.

Nach dem Erscheinen meines Buches «Die apokalyptische Frau aller Völker» erhielt ich von einem freimaurerischen Leser einige interessante Hinweise zum Thema «Hitler und die Freimaurerei» sowie über Versuche «höherer Grade», mich in den Teufelskreis der Magie hineinzuziehen. Besonders interessant war dabei, was der Freimaurer zu der Gepflogenheit meines Verlegers, einen Autor auch per Foto vorzustellen, zu sagen wußte. Er fragte mich, ob ich seitdem nicht an Schlafstörungen und mancherlei leiblichen Beschwerden leiden würde. Seinen sonstigen Äußerungen entnahm ich, daß er mich für einen Mitbruder hielt, weshalb er auch vorsichtshalber statt einer Unterschrift einen Namensstempel in Druckbuchstaben unter seinen Brief setzte. Auf den Gedanken, daß

15

ein Nichtfreimaurer, vor allem ein Katholik, jemals in den Besitz des apokalyptischen Siegels gelangt sein könnte oder gelangen würde, kam und kommt ein Freimaurer überhaupt nicht. Meine Bücher laufen oder liefen auf der Gegenseite wahrscheinlich unter der Kategorie der Verräterschriften, und dies bei einem Autor, der noch nie in seinem Leben den Fuß in eine Loge gesetzt hat.

Eine zweite Begegnung mit einem Hochgradfreimaurer gipfelte in der Empfehlung, in seine Observanz einzutreten, da ich ja ohnehin schon über sehr hohe «Einweihungen» verfügte und nicht einmal meine vermeintlichen Johannisgrade nachzuweisen brauchte. Als ich ihm entgegnete, daß ich Nichtfreimaurer sei, schien er dies für ein Kokettieren mit meinem eigenen Intellekt zu halten. Wenn ich ihm die «Frau aller Völker» als meinen Mentor in Sachen Apokalypse genannt hätte, hätte dies damals für einen bestimmten Personenkreis gefährlich werden können. Heute, wo der Gegenseite längst bekannt ist, daß wir sie als «Soldaten der Frau aller Völker» offen angreifen und entlarven, konzentrieren sich Haß und Interesse der Hochgradfreimaurerei auf mich als den Verfasser zweier weithin bekannter «Enthüllungsbücher». Diese Bücher würden meine Liquidation nicht nur überleben, sie würden durch eine solche sogar für Freimaurer interessant, die den geistigen Betrug, den man mit der Apokalypse treibt, schon bisher geahnt oder befürchtet haben. Die Zahl solcher Hochgrade dürfte nicht gerade gering sein!

Der hier erwähnte Hochgrad war (und ist heute noch) Großmeister seiner Obödienz. Von der katholischen Kirche spricht man in seinen Kreisen als vom «zweitausendjährigen Esel», der sich nicht entschließen könne, welches der beiden freimaurerischen Schlüsselangebote (zur Apokalypse) er annehmen solle. Nachdem man sich in der katholischen Kirche inzwischen für das unitaristische Angebot entschlossen hat und eifrig dabei ist, den Trinitarismus ad acta zu legen, scheint für die Freimaurerei die Sache der «zweitausend Jahre» gelaufen zu sein. Sie wäre es in der Tat, wenn nicht erstens in Amsterdam der echte johanneische Schlüssel bestätigt worden wäre und wenn zweitens nicht Aussicht bestünde, daß die Kirche wieder zum Hl. Geist zurückfindet, den sie seit dem Konzil in die Wüste geschickt hat. Vorerst hat Rom den Gläubigen verboten, der Hochgradfreimaurerei diesen Schlüssel entgegenzuhalten und ihrem Papabile Hindernisse in den Weg zum Stuhle Petri zu legen. Hoffentlich ist dies die einzige katholische «Eselei» der letzten zweitausend Jahre in Sachen «Synagoge Satans»!

Ich liebe die Kirche, wenn ich ihre derzeitige Erscheinungsform auch nur bedingt respektieren kann. Was die Kirche an Weisheit besitzt, ist demütig hingenommene Weisheit des Hl. Geistes. Unter raffiniert gefälschter Berufung auf das Zweite Vatikanische Konzil gelang es einer Clique von Theologen, dieses Konzil zu einem kopernikanischen Wende-

16

punkt der Kirche umzulügen. Wenn das zynische freimaurerische Wort vom «zweitausendjährigen Esel» auch in Wahrheit nicht die vorkonziliare Kirche zu treffen vermag, so muß doch eingeräumt werden, daß man mit Fug und Recht von einem *zehnjährigen Esel* sprechen könnte, wenn neben der kleinen Schar der «Altgläubigen» nicht auch der Papst das echte Credo hochhielte.

Für die vom Progressismus verseuchte «Amtskirche» gibt es dieses Alibi längst nicht mehr. Sie kann es kaum erwarten, unter die wirklichen «zweitausendjährigen Esel» gerechnet zu werden, als welche sich in Wahrheit die freimaurerische Gegenkirche mit ihrem Lügengewebe um die Apokalypse (zum mindesten seit dem Vorliegen der Amsterdamer Botschaften der Frau aller Völker) erwiesen hat. Stünden den wenigen «altgläubigen» Theologen der Kirche die gleichen Möglichkeiten der Verkündigung zur Verfügung wie den progressistischen Dummköpfen und Verrätern, hätte sich der «zweitausendjährige Esel» Freimaurerei längst in alle Winkel verkrochen.

Man könnte mir vorwerfen, zu scharf formuliert zu haben. Deshalb soll kurz aufgezeigt werden, welch klare Beweise für die Objektivität meiner Behauptungen z. B. ein Professor für katholische Dogmatik und Consultor des Sekretariats für Nichtglaubende lieferte, der im Vorwort zu einer progressistischen «Verräterschrift»[8] folgende Weisheiten von sich gab:

> «Mit der Hochschätzung der Gewissensfreiheit, mit der Respektierung der Überzeugung eines jeden Menschen, auch des Atheisten, wie sie feierlich vom letzten Konzil proklamiert wurden, hat die römisch-katholische Kirche auf einen Weg zurückgefunden, der für sie lange im Dunkeln lag und auf dem die Freimaurer ihr vorangegangen sind. In dem am 28. August 1968 von Kardinal F. König unterzeichneten Dokument 'De dialogo cum non credentibus' akzeptiert diese Kirche das selbstverständliche Prinzip des Dialogs, daß beide Partner voneinander lernen können und müssen.»

Eine kurze Unterbrechung des Zitats wäre schon deshalb nötig, um freimaurerischen Lesern samt dem Kardinal von Wien Gelegenheit zu geben, sich erst mal gründlich auszulachen. Mögen sie lachen. Für uns ist der zehnjährige Esel «Progressismus» nichts weiter als eine Mißgeburt des freimaurerischen Ungeistes. Man fragt sich, woher ein solcher Theologe denn überhaupt stamme, daß er als Katholik erst ein Konzil benötigte, um mit Andersdenkenden respektvoll zu diskutieren, und daß er ausgerechnet eine Institution als Mentor für Gewissensfreiheit in Anspruch nimmt, deren «Wissende», wenn sie diese Bezeichnung in Anspruch nehmen wollen, es bis zu dem Leit- und Wahlspruch gebracht haben müssen: «Tu was du willst, soll sein das ganze Gesetz!» Gewissenlosigkeit in letzter Vollendung als Voraussetzung für freimaurerische Gewissensfreiheit: Zu *dieser* Art von Freiheit des Gewissens hat das Konzil gewiß nicht den Weg bereitet!

Unser Theologe fährt fort:

«Das bedeutet: Die Kirche läßt sich nicht in herablassender Geste herbei, mit dem Andersdenkenden zu sprechen und ihm Anteil an ihrer Weisheit zu gewähren, sondern sie weiß, daß er (der Freimaurer!) in Theorie und Praxis Einsichten hat, über die sie nicht oder nicht deutlich genug verfügt (wie richtig!), die aber für sich wesentlich sind(!). Zu lange hat die katholische Kirche ignoriert, was ihr das Freimaurertum werbend oder in herber Kritik zu sagen hat ...»

Wie gut kannten doch die Päpste ihre Pappenheimer in Theologie und Klerus, wenn sie zwischen Kirche und Gegenkirche eine klare Grenze zogen. Die Freimaurerei ist Leuten wie diesem Opportunisten intellektuell haushoch überlegen und balbiert sie schon im ersten Gang eines freien Gesprächs derart über den Löffel, daß der zweite Gang bereits zur freimaurerischen «Ökumene» zu führen droht. Von der katholischen Kirche bliebe in einer solchen Ökumene nur noch der irreführende, leere Name übrig; denn auf dem Hauptnenner des freimaurerischen «ABAW», des «Allmächtigen Baumeisters aller Welten», können sich nur Zähler halten, die dem *Unitarismus* zugehören. Die vom Progressismus systematisch betriebene *Enttrinitarisierung* der katholischen Kirche werden wir an anderer Stelle entlarven. Sie ist hier indirekt als Anteil an der Weisheit der Freimaurer glorifiziert worden. Diesen Betrug an der Kirche und am gläubigen Kirchenvolk werden wir dieser Sorte von «Theologen» noch austreiben, bevor sie, von der Amtskirche leider vielfach unbeirrt, ihren unverschämten Ausverkauf an christlicher Sophia zu Ende führen. Ist das nicht mit Hilfe der Bischöfe möglich, muß es ohne sie geschehen. Mit dieser Schlußfolgerung halten wir uns genau an die Logik Thomas' von Aquins und der fast zweitausendjährigen katholischen *christlichen* Kirche.

Das «Bruderband» dieser Kirche ist die Heilige Eucharistie und nicht die Magie der Lemniskate der Freimaurer. Vor dieser Magie und ihrem «allsehenden Auge» haben die «Eingeweihten» einen solchen Respekt, daß sie sich ihr willenlos überlassen. Ihre Wirksamkeit wird mit jedem Logenbesuch in Form der «Bruderkette» erneut aktiviert. Dabei würden allein schon eine Beichte und anschließender Kommunionempfang ausreichen, dem ganzen Zauber ein Ende zu bereiten. Wenn die Kirche den ins Bruderband gebannten Freimaurern wirklich helfen wollte, würde sie ihre Sakramentalien, ihre exorzistischen Möglichkeiten und vor allem den Rosenkranz anders handhaben, als sie es heute in ihrer Blindheit tut. An die fürcherliche Kraft der Panmagie und der Sexualmagie glauben die meisten Theologen und Geistlichen heute nicht mehr. Was sie damit angerichtet und Tag für Tag erneut zu verantworten haben, wird ihnen erst aufgehen, wenn sie durch den endzeitlichen Schock göttlicher Eingriffe in Kirche und Welt gegangen sein werden. Es hieße Eulen nach Athen tragen, wollte man versuchen, diesen Eingriffen durch weiteres und noch eindringlicheres Hinweisen auf den heilsgeschichtlichen Sonderstatus unserer Epoche — den die «Wissenden» der Freimaurerei längst kennen — die Grundlage zu entziehen. Zwanzig Jahre hindurch habe ich mich nach Kräften bemüht, aus amtskirchlichen Köpfen einen Funken Geist zu schlagen. Die diesen Funken vor dem Verlöschen bewahrt haben, besitzen noch die Antenne zum Hl. Geist, stehen mit der Apokalypse und den dazugehörigen Kommentarprophetien in engem Kontakt. Diejenigen aber, die mangels Geist ihren dürftigen Intellekt verabsolutierten, zieht es dorthin, wo sie den reinen Intellekt am Werke sehen, um Anleihen bei diesem aufzunehmen. Daß man ihnen dabei in falscher Münze zahlt, merken diese Gernegroße natürlich ebensowenig wie die Tatsache, daß sie die Hybris auf diese Weise selbst in das Kraftfeld der Magie gelockt hat. Vieles, was uns an solchen Persönlichkeitsspaltungen im theologischen Bereich heute oft so gespenstisch erscheint, ist in Wahrheit Folgeerscheinung magischer «Induktion». Die heillose Verwirrung, die diese Spezies in der Kirche anrichtet, ist ihrerseits selbst wieder mitbegründet durch den Verzicht der Kirche auf die ihr an die Hand gegebenen Möglichkeiten der Zurückweisung der Magie. Der Verzicht gründet vor allem in der erschreckenden Unwissenheit des Klerus auf dämonologischem Gebiet. Der «Abschied vom Teufel» wird als bleibendes Zeugnis dieser Unwissenheit in die Geschichte der theologischen Literatur unserer Zeit eingehen.

Die Magie der Bruderkette bzw. das Bruderband der Magie umfaßt längst nicht mehr nur die ihm durch Eintritt in eine Loge mehr oder weniger freiwillig und mehr oder weniger wissend hörig gewordenen Freimaurer aller Grade. Sie bezieht auch jene Nichtmaurer mit in ihren Teufelskreis ein, die sich dem aus der Freimaurerei hervorgegangenen Ungeist unserer Zeit — und das ist nahezu der gesamte Zeitgeist unserer Epoche — überlassen haben. Zu diesen «Freimaurern wider Willen» zählen neben zahlreichen Theologen und Priestern auch viele Bischöfe, Kardinäle und sonstige hohe Würdenträger der Kirche. Dies soll zunächst nicht als Anklage, sondern als Warnung verstanden werden. Denn für die meisten der Irregeführten steht der Rückweg zum Lichte des Hl. Geistes noch offen. Wenigstens bis zu dem Tage, da es der Loge gelingen würde, einen ihrer «Wissenden» unter die Tiara zu bringen. Dann bliebe von der katholischen Kirche nichts weiter übrig als eine Fortsetzung der Bruderkette, an die man z. B. die anglikanische Kirche — über ihren jeweiligen freimaurerischen Primas — längst mit Erfolg gelegt hat.

b) *Die Magie der satanistischen Symbolik des alten Ritus und ihr Fortleben im neuen Ritus*

Magie wirkt dort am stärksten, wo ihr Furcht und Glaube entgegengebracht wird. Damit ist allerdings keineswegs gesagt, daß sie auf diese beiden Wegbereiter unbedingt angewiesen ist.

Wenn hier von altem und neuem Ritus der Freimaurerei gesprochen wird, so deshalb, weil sich die freimaurerischen Rituale von dem Tage an, da die Freimaurerei sich vereinsmäßig konstituierte, fortlaufend «entwickelt», d. h. versymbolisiert haben. Auf diese Tatsache weisen Freimaurer im Gespräch mit kritischen Gesprächspartnern immer wieder hin, um diesen einzureden, die heutige Freimaurerei mit ihren feineren Sitten habe mit jener der «rauhen Gesellen» kaum noch etwas gemein. In Wahrheit hat sich nur das äußere Bild geändert bzw. ändern müssen, wollte man dem entgehen, was die ach so menschenfreundlichen Brr. ·. die Zeit des Mißverstandenwerdens und der böswilligen Verfolgung zu nennen pflegen. Außerdem hätte sich kaum noch ein anständiger Mensch in eine Loge locken oder dort halten lassen, wenn man den alten Ritus nicht in neue Gewänder gesteckt hätte. Ein gewisses Verdienst kommt hierbei den sogenannten Verräterschriften zu, die zumeist in jener Übergangsepoche vom alten zum neuen Ritus entstanden, in der man seine liebe Not damit hatte, die alten, sitten- und polizeiwidrigen Rituale in nahezu halsbrecherischen Balanceakten in alle möglichen und unmöglichen Romantizismen umzulügen. Wenn solche Verräterschriften oft auch bestellte Arbeit waren und manches Schlimme dadurch unglaubwürdig machen mußten, daß sie Wahres mit Unwahrem bunt durcheinanderbrachten, so verleiteten sie andererseits doch manchen Freimaurer dazu, das eine oder andere daraus zu bestätigen. Eines der bekanntesten Beispiele für diese Art von Fallenstellerei ist die Schrift «Die Braut Satans», in der es ebenso von Übertreibungen und Unwahrheiten wimmelt wie von Tatsächlichkeiten.

Aus den als gesichert anzusehenden Schilderungen zum alten Ritus greifen wir einige Beispiele heraus, die dem alten Aufnahmeritual entstammen.

In diesem mußte der Aufzunehmende den «Eid auf Hals, Herz und Eingeweide» leisten, d. h. er beschwor sein Einverständnis dazu, daß ihm im Falle der Preisgabe freimaurerischer Geheimnisse die Kehle durchschnitten, das Herz aus der Brust und die Eingeweide aus dem Leib gerissen werden. Damals war man sogar so leichtsinnig, das Grundgeheimnis der Freimaurerei mit in das Aufnahmegespräch hineinzumischen, einmal bei der Frage des Meisters vom Stuhl nach dem Woher des Lehrlings, die dieser mit den Worten beantwortete: «Von der *Loge des Hl. Johannes* von Jerusalem», ein zweites Mal als Bestandteil des Lehrlingseides, wo es heißt: «. . . festhaltend an der *heiligen Offenbarung St. Johannis* gebe ich hiermit meinen heiligen Schwur . . .». Es ist anzunehmen, daß dem Lehrling dabei nicht klar war, ob es sich hier um das Johannesevangelium oder um die Geheime Offenbarung des Johannes handelte. Erst spätere Einweihungen ließen ihn begreifen, was er bei seiner Aufnahme beschworen hatte: Das freimaurerische *Siegel- bzw. Schlüsselmonopol* geheimzuhalten und damit dem *freimaurerischen Mißbrauch der Apokalypse in den Tagen der Endzeit* die Bahn freizuhalten.[9] Daß dies der Freimaurerei bis zum Jahre 1955 möglich war, ist für die Kirche keine Schande. In Off. 6, 2 ist Satan und die Satanskirche als providentiell zugelassener Alleininhaber des apokalyptischen Siegels ausdrücklich bestätigt. Was aber der Kirche heute zur Schande gereicht, ist ihre Zurückweisung des von Maria geoffenbarten *echten* Siegels und die Gier einer gewissen Theologenclique nach der Mitwisserschaft um das verfälschte Siegel der Satanskirche.

Im *alten Ritus* ging, wie aufgezeigt wurde, der Freimaurerkandidat die Verpflichtung ein, den freimaurerischen Schwindel mit der Apokalypse bei Strafe an «Hals, Herz und Eingeweiden» geheimzuhalten, obgleich er gar nicht wissen konnte, daß er diesem Schwindel auch dann Vorschub zu leisten haben würde, wenn er niemals in seinem Freimaurerleben in die «lichten Höhen» der um diesen Betrug «Wissenden» aufzusteigen gewürdigt werden würde. Um ihn bei der Stange zu halten, wurde er in die Aussage von Symbolen «eingeweiht», die rein magische Bedeutung haben und über die man ihm, je nach Einweihungsgrad, im Grunde immer nur neue Lügen aufband. Da es sich bei diesen Symbolen um satanistische «Sakramentalien» handelte (und heute noch handelt), fing man den Hereingefallenen in ein Spinnennetz von magischen Kräften ein, deren Wirkung durch den Glauben und die Furcht des Gefoppten abgesichert war.

Im *neuen Ritus,* wie ihn die Freimaurer unserer Zeit kennen und betätigen, entfällt ein Großteil von Glaube und Furcht. Das grobe Geschütz des *Hals-Herz-Eingeweide*-Eides verschwand im Freimaurermuseum, an es und seine bleibende Gegenwart erinnern nur noch das *Hals-, Brust-* und *Bauchzeichen,* die sogenannten *Rachezeichen.* Was man den drei unteren, den sogenannten Johannisgraden, als die heute gültige Bedeutung dieser Zeichen weismacht, ist sicher alles andere als die Wahrheit. Diese Zeichen dienen ausschließlich der Magie, sind in Wahrheit satanistische Gelöbnisse und helfen mit, die «Bruderkette» noch enger zu schließen. Denn um die magische *Bruderkette* bemüht man sich um so mehr, je weniger man Glaube und Furcht einzusetzen vermag. Daß aber zum mindesten die Furcht auch heute noch eine beträchtliche Rolle spielt, ist mit Sicherheit anzunehmen. Freimaurer mit Gespür für Symbole und Zeichen und mit dem Wissen um deren ursprüngliche

Bedeutung greifen sich nicht gedankenlos an Kehle, Brust und Bauch. Sie wissen auch um die eindeutige Aussage der zwei auf das Herz des Bewerbers beim Aufnahmeritual gerichteten Schwertspitzen und anderer Gruseleien, auf die man, wie ein Großmeister vor einigen Jahren versicherte, auch heute nicht verzichten möchte.[10]

Der dies aussprach, war Vertreter einer Obödienz, die neben den drei unteren Johannisgraden auch eine Reihe von Hochgraden aufweist. Er mußte also wissen, warum man auf die Erinnerungs- und Rachezeichen nicht verzichten kann. Der strikte Gehorsam, eigentlicher Sinn und Inhalt der «Strikten Observanz», ist nach wie vor ein zuverlässiger Kitt der «Bruderkette» und kommt ihrer Magie zugute. Was man im Zusammenhang mit den Großaufmärschen von Parteikadern in Diktaturen als Massenpsychose bezeichnet, hat in Wahrheit mit Psyche und Psychose nichts zu tun. Das Primäre dieser Willensballungen und -potenzierungen bei Massenveranstaltungen dieser Art ist die Bereitschaft zur *dämonischen Enstase,* die sich nur zu leicht in dämonische Ekstase verkehrt und in den Betroffenen auch noch weiterwirkt, nachdem sie wieder aus der Masse herausgetreten sind.

Kern der freimaurerischen Ideologie ist der «Große Baumeister aller Welten». Es bleibt jedem Freimaurer überlassen, was er sich unter diesem Symbol vorstellt. Auf jeden Fall ein Universales und Unitarisches, auf keinen Fall ein Trinitarisches. Dieses «höchste Wesen» wird magisch gerufen. Gott aber reagiert nicht auf Magie, auf Zeichen, auf Beschwörung, auf symbolistischen Hokuspokus. Wo derlei als «Liturgie», als «Beten» usw. manipuliert wird, meldet sich automatisch die *Dämonie.* Diese wenigen Grunderkenntnisse des Dämonologen genügen, um die nachfolgenden Zitate aus der Schrift «Die Rituale der Freimaurer» von Hans Otto Bock so zu deuten, wie sie allein gedeutet werden können: Als Bekundungen von Leuten, die der Pseudoreligiosität alter Mysterienbünde in die Falle gegangen sind.[11]

Ich zitiere und setze dabei eigene Kurzkommentare in Klammern.

S. 11: «So gehört als unerläßlich in ein Freimaurerritual die Aufforderung an die Gehilfen, die Loge von außen zu *decken,* daß nur Eingeweihte (also Gleichgeschaltete!) zugegen sind ... Erfolgt die Prüfung der Bruderschaft durch das 'Ins Zeichen treten', so gehört dazu auch die richtige Fußstellung (wie bei Hitleraufmärschen das magierufende Handzeichen und in der Gefolgschaft des Hochgrades Churchill das satanistische Gegenzeichen der gespreizten Finger des Satanisten Aleister Crowley). In dem Ritual der alten Mysterien (und der neuen ebenso!) bezeichnete man das Decken als Bannen. Es sollen nicht einmal fremde *Gedanken* eindringen können, welche den Zweck der Arbeit gefährden (also Gehirnwäsche durch magische Kette!).»

S. 12: «Das Fernhalten fremder Kräfte geschieht auch durch das Schlie-

ßen des Kreises in der Loge (nach dem Muster spiritistischer Seancen!)...
Deshalb ist die Sitzordnung der Bruderschaft nebeneinander, den Wänden entlang ... ein unabdingbarer Bestandteil freimaurerischen Rituals ... (wie aller Okkult-Rituale!).»

S. 13: «Der Meister ist *Liturg*; er *zelebriert* das Ritual in Anwesenheit der Bruderschaft (und, wenn die Bischöfe weiterschlafen, auch bald in Konzelebration mit ihnen und ihren Geistlichen) ... 'Laßt uns nun die Werkstatt vollends erleuchten, damit wir im klarsten Lichte unsere Arbeit beginnen.' — Diese Worte leiten schon über ... zu der Anrufung des 'Allmächtigen Baumeisters' (der natürlich niemals über Magie zu erreichen ist, es sei denn als 'Demiurg'!).»

Was nun folgt, ist nicht etwa eine Aussage aus der Zeit des alten Ritus, sondern ein freimaurerisches Bekenntnis aus dem Jahre 1963. Hier wird die Katze aus dem Sack gelassen, und zwar in einer Versammlung, in der Johannismaurer, und nicht etwa Hochgrade, «im Kreis» beisammen waren (am 5. Juli 1963 in Bayreuth).

S. 14: «In den alten Mysterien mag beim Höhepunkt wohl von Isis, der Natur, Apophis, der Zerstörung, und Osiris, dem wiedergegebenen Leben, gesprochen worden sein, bei den alten Alchimisten von der natürlichen Materie, von dem schwarzen Drachen und dem wiedererstandenen Gold. Mag bei den alten Maurern die Zunftsage oder die Hiramslegende oder ähnliches verlesen worden sein, *es wird immer der gleiche Gedanke zelebriert* (na also!). Es bedarf nicht einer Meister-Erhebungs-Loge des 3. Grades, um auf dieses *erlösende, befreiende* Prinzip hinzuweisen («erlösend» und «befreiend» heute noch ebenso wie gestern!).»

Bevor die Brr∴ auseinandergehen, wird ihnen noch das Weihwasser der magischen Kette verpaßt. Das wird folgendermaßen formuliert:

S. 17: «In der II. Stufe kann nun eine Darstellung der vollendeten Arbeit erfolgen, denn die Brr∴ könnten mutlos werden (!!!), wenn sie den schützenden Kreis der Bruderschaft (der Magie!) verlassen. Das muß nicht durch Worte geschehen. Man kann den tieferen (magischen!) Sinn des freimaurerischen Rituals am besten durch Symbole zum Ausdruck bringen. 'Laßt uns die Kette bilden, bevor wir auseinandergehen.' Der geschlossene Kreis ist uneinnehmbar. Das kommt dort, wo es üblich ist, durch die Kette zum Ausdruck. Dieser Kreis bleibt immer (!). 'Lösen wir die Kette unserer Hände, nicht aber die Kette unserer Herzen.'»

Und mit diesen «Kettenbrüdern» führt die heutige Kirche «Versöhnungsgespräche»! Es wird höchste Zeit, daß das Kirchenvolk von diesen Machenschaften erfährt und dem Unfug ein Ende bereitet. Das Recht und die Pflicht hierzu steht jedem Gläubigen vor Gott und der wahren katholischen Kirche zu, an der auch das Riesenheer der Laien mitverantwortlich mitzubauen hat und in welcher es keine theologische Hermetik und Esoterik geben *kann* und geben *darf*.

c) Die Magie spezieller Rituale der Hochgradfreimaurerei

Die Johannismaurerei mit ihren drei Graden bildet zwar die unverzichtbare Basis der gesamten Freimaurerei, ist aber nicht die Beherrscherin des Mittelbaues und der Spitze der gesamtfreimaurerischen Pyramide. Dort haben die Johannismaurer nichts zu suchen. Um ihre Neugierde nicht allzusehr anzuregen, läßt man sie bei dem naiven Glauben, sie stellten die eigentliche Freimaurerei dar, was neben und über ihnen herumkrebst, sei Außenseitertum und Abenteurerei. Natürlich verhält es sich gerade umgekehrt. Das «Licht», nach dem die kleinen Johannisbrüder suchen, wird um so heller, je weiter man in der Pyramide nach oben steigt. Über den Cubus mysticus, den «heiligen Würfel», und das aus ihm gewonnene Würfelkreuz führt der Weg des Hochgrades in besonderen «Glücksfällen» über jene Schwelle, die dem «Wissenden» vorbehalten ist. Dabei tritt der eigentliche Name des «Großen Baumeisters», das «verlorene Wort», immer klarer aus dem Dunst freimaurerischer Vernebelung heraus und der erfolgreich durch letzte Prüfungen gegangene Hochgrad steht eines Tages vor einem — vermeintlichen — Scheideweg. Der eine Weg führt über die «Jakobsleiter» bzw. die «Wendeltreppe» in das «Haus des Hohenpriesters» und damit zum freimaurerischen Gott «Jehovah» (nicht mit dem Jahweh der Juden vollindentisch!), d. h. zum freimaurerischen *Unitarismus*.[12] Der zweite Weg geht über den *Demiurgen,* dem mit der höchsten Gottheit keineswegs identischen «Großen Baumeister» der unreinen, materiellen «Welten», und endet letztendlich bei *Luzifer,* dem Lichtbringer der Intellektträger.[13]

Die Erfahrung lehrt, daß es sich bei der genannten Weggabel nur um einen erneuten Betrug handelt; denn die «Wissenden» beider Richtungen tolerieren einander absolut, der Unitarier den Satanisten, der Satanist den Unitarier. Auch der Unitarismus, d. h. der Glaube an den Schöpfer einer *von Anfang an* sündigen Welt und Menschheit, führt mitten hinein in den Cubus mysticus des Demiurgen, *Satans.* Der Islam drückt dies mit der Kaaba, dem «Würfel», aus, das Judentum ist vom zionistischen Größenwahn tödlich bedroht. Ohne Christus, ohne den Trinitarismus, wird der «Vater» zwangsläufig zum Demiurgen, zum Schöpfer einer von Grund aus befleckten, mißratenen Welt, die sich entweder selbst erlöst oder an ihrer eigenen «Umwelt» zugrundegeht.

Aus diesem freimaurerischen Engpaß wird klar, was es mit der sogenannten *«christlichen»* Freimaurerei auf sich hat.

Prototyp dieser Spezies ist die schwedische Maurerei und die mit ihr verwandte Maurerei der Großen Landesloge von Deutschland mit ihren zwei Andreasgraden.

Im Logenraum der letztgenannten Grade liegt ein Kreuz in Form eines X-Zeichens, das aus Tarnungsgründen die Bezeichnung «Andreaskreuz» führt. In Wahrheit handelt es sich um das Zeichen der zwei sich mit den Spitzen berührenden Dreiecke, also um das Symbol des Zusammentreffens, der *Bruderkette*, sexualmagisch auch der Zeugung.

An der Stelle, wo sich die Kreuzbalken überschneiden, befindet sich ein steinerner Würfel. Daß es sich hierbei um das in Off. 21, 16 beschriebene Sinnbild der am Zeitenende offenbar werdenden «Heiligen Stadt Jerusalem» handelt, ist angedeutet durch die «vier Wesen» aus Off. 4, 7—8, also durch die Sinnbilder «Löwe», «Stier», «Engel» und «Adler», die an den vier Balkenenden angebracht sind. Ein siebenarmiger Leuchter deutet die sieben Siegel der Apokalypse an. Da der «Cubus mysticus» der «Heiligen Stadt Jerusalem» laut Off. 21, 9 in der Schauung des Apostels Johannes «vom Himmel niederschwebte», rundet ein Schwebe- oder Baukran in Galgenform, der mit Strick und Schlinge ausgestattet ist, die apokalyptische Symbolik ab.[14]

Der Würfel auf dem «Andreaskreuz» stellt nach freimaurerischer Lesart zugleich die vollendete Bundeslade dar, in der der «Große Baumeister» seinen symbolischen Sitz einnimmt. In einer späteren Darlegung zu dieser interessanten Symbolik wird noch bewiesen werden, daß die genannten Symbole keinerlei Bezug auf Christus nehmen, daß sie rein unitaristische Aussagen unterlegt bekamen und daß deshalb die Bezeichnung «Christliche Freimaurerei» nichts weiter als eine unverschämte Lüge darstellt. Wo der «Große Baumeister» verehrt wird, rangiert Christus allenfalls als der gescheiterte, durch seine Hinrichtung lediglich zum Symbol der Humanitas, der «Bruderkette», aufgewertete Avantgardist des freimaurerischen Humanismus. «Christlich» nennen sich diese Hochgrade, weil sie den Schritt zum Demiurgen nicht vollzogen, weil sie sich nicht zum Satanismus des «Lichtbringers» bekennen. Aber sie sind und bleiben Unitarier und denken nicht daran, in Christus die zweite göttliche Person zu sehen und anzubeten.

Die sogenannte Andreasmaurerei hat in die christlichen Kirchen tiefe Breschen geschlagen. Ihr Ritual sollte wenigstens jene Bischöfe und Kardinäle zur Besinnung bringen, die noch nicht dem Unitarismus verfallen sind. Es wird sich zeigen müssen, wer und wieviele von ihnen Christus als dem vom Vater gezeugten, von der Jungfrau Maria geborenen und zur Rechten des Vaters in der Einheit des Hl. Geistes sitzenden Sohn Gottes die Treue gehalten haben. Diese Bischöfe werden erst dann zu Gesprächen mit den Freimaurern bereit sein, wenn deren Abkehr vom Unitarismus und Satanismus den Bruderkettenhumbug überflüssig werden und das Verlangen nach der demütigen Einreihung in die exoterische Gemeinschaft der Brüder in Christo aufkommen läßt. Eine «Versöhnung» mit der Synagoge Satans ist auch dann unmöglich, wenn der Großteil der Freimaurer als menschlich anständig und religiös ehrlich interessiert einzustufen ist. Der Weg in die Kirche steht jedem

Freimaurer offen. Der Weg der Kirche in die Logen nicht. Wo er gegangen wird, sind Verräter am Werk, und diese haben aus dem Klerus und der Hierarchie zu verschwinden. Die direkte Auseinandersetzung mit der Freimaurerei sollte man Laien überlassen, die im Leben stehen und zu kämpfen verstehen, weil sie dazu das wissenschaftliche Rüstzeug besitzen, das der heutigen Kirche noch fehlt.

d) *Die Magie des Würfels oder «Cubus mysticus»*

Um die Bedeutung der in den Andreaslogen gezeigten Würfelsymbolik voll verstehen zu können, ist es erforderlich, die Hintergründe aufzuzeigen, vor denen diese Symbolik gesehen werden muß.

Der satanistische Dirigismus, dem nicht nur die Freimaurerei und ihre verschiedenartigsten Geistesverwandten, sondern auch der östliche Kommunismus untersteht, bildet den inneren Kern dessen, was die Apokalypse als «Synagoge Satans» bezeichnet. Wir nennen diesen Dirigismus die *Kerngnosis*. Sie allein besitzt das volle Wissen über das johanneische Siegel bzw. den johanneischen Schlüssel zur Apokalypse. Was sich innerhalb der Hochgradfreimaurerei als «Wissender» bezeichnet, ist von echtem Wissen um das Siegel weit entfernt. Die Kerngnosis enthält ihr Wissen nicht nur ihrem Erzfeind, der katholischen Kirche, vor, sie gibt es auch ihren ergebensten Dienern in den Hochgradlogen nicht preis, und zwar aus gutem Grund. Um diesen würdigen zu können, muß man zuvor mit dem weitverbreiteten Irrtum aufräumen, daß eine satanistische Institution ausschließlich oder wenigstens vorwiegend aus Satanisten besteht. Zunächst ist überhaupt die Frage zu klären, was man unter einem solchen versteht. Ein Satanist glaubt nicht an Satan, er *weiß* um seine Existenz, bewundert seinen ungeheuren Intellekt, sein Non serviam Gott gegenüber, seine Meisterschaft im Verneinen alles dessen, was durch Gottes Ja ins Sein gerufen wurde. Eine psychologische Deutung und Begründung des Satanismus gibt es nicht. Das Geheimnis des Bösen, die «Tiefen Satans» der Apokalypse, sind und bleiben unergründbar, auch für den Satanisten selbst. Natürlich glaubt der Satanist an Gott, auch dann, wo er ihn nach außen hin leugnet. Echte Gottesleugner, sogenannte Atheisten, können niemals Satanisten sein und werden daher von den Wissenden den Logen ferngehalten.

Daß dem Teufel das apokalyptische Siegel bekannt ist, geht aus Off. 6, 2 hervor. Hier wird der erste apokalyptische Reiter mit Bogen und Kreis («Kranz»), den Sinnbildern des trinitarischen und des christozentrischen Teilsiegels, gezeigt. Daß beide zusammen das apokalyptische Siegel ergeben, wird durch die Offenbarungen der Frau aller Völker bestätigt. In meinen Büchern «Die apokalyptische Frau aller Völker» und «Das Ultimatum Gottes», habe ich das Wissenswerte hierüber in allgemeinverständlicher Weise dargelegt.

26

Erst diese Amsterdamer Offenbarungen machten es möglich, den Reiter aus Off. 6, 2 als Satan mit dem apokalyptischen Siegel zu deuten. Die Richtigkeit dieser Deutung ergab sich beim Vergleich des johanneischen Siegels von Amsterdam mit dem «Merkursiegel» der Haarlemer Rosenkreuzer, das die Siegeldetails vollzählig aufweist, wenn auch in bewußt verfälschter Zusammensetzung (Taf. V). Überhaupt vermag man durch vergleichende Symbolanalyse weit mehr über die Geheimnisse der Freimaurerei bzw. des Satanismus zu erfahren als durch alle übrigen freimaurerischen Erkenntnisquellen zusammen. Wo aber findet man schon maßgebliche Theologen, die sich auch nur annähernd soviel für die Apokalypse interessieren wie die Freimaurer in den Hochgradlogen!

Satan gab das echte Siegel an zuverlässige Satanisten im Ritual weiter. Deren Aufgabe war und ist es, sowohl der Kirche Jesu Christi als auch der satanistischen Gegenkirche ein *verfälschtes* Siegel zu vermitteln. Würde letzterer nämlich das echte Siegel in die Hand gegeben, würden nahezu alle Freimaurer aus den Logen austreten und sich zur Kirche bekennen. Denn das echte Siegel kommt aus dem «Geist der Weissagung» und stellt deshalb — nach Off. 19, 10 — das *«Zeugnis Jesu»* dar. Dieses Zeugnis Jesu aber möchte Satan der gesamten Menschheit bis ans Zeitenende vorenthalten und es ist ihm bis heute sogar gelungen, hierbei die Kirche mit vor seinen Wagen zu spannen. Das bisherige Schicksal der Amsterdamer Offenbarungen der Frau aller Völker ist ein schlagender Beweis für diese Tatsache.

Bei dem Bemühen, die Kirche in die Freimaurerei zu «intergrieren», fällt der freimaurerische Dirigismus natürlich nicht mit der Tür «Satan» ins Haus. Dies tat er nicht einmal bei der «Integrierung» der Freimaurerei in den Satanismus. Die Freimaurer sind, von den oben erwähnten Sonderfällen abgesehen, keine Satanisten, sie sind lediglich die zuerst Hereingefallenen des raffiniert getarnten Satanismus. Es ist anzunehmen, daß die überwältigende Mehrheit der Freimaurer bei der Entlarvung des sie am Narrenseil führenden Riesenbetrugs mit der Apokalypse nach Kräften zu verhindern suchen wird, daß dieser Betrug nun auch noch an den christlichen Kirchen vorgenommen wird. Die Lösung der Freimaurerfrage ist primär Sache der Freimaurer selbst. Die Lösung wird und kann nur heißen: *Selbstauflösung!* Das mag im Augenblick utopisch klingen. Die weitere Entwicklung der Dinge wird mir mit Sicherheit recht geben, und zwar aus dem einfachen Grunde, weil die meisten Freimaurer nur aus Unwissenheit, d. h. Unkenntnis der Wahrheit, dem Satanismus Spanndienste leisten.

Es gibt mehrere Arten von freimaurerischen Siegelverfälschungen. Wir beschränken uns auf jene Fälschung, die in den regulären Hochgradlogen üblich ist und die man der Kirche andrehen möchte. Es ist die Lüge vom *unitarischen Siegel der Apokalypse.*

Dieses unitarische Pseudosiegel entsprang folgender freimaurerischen
«Esoterik»:
Als Kernsymbol dient diesem Pseudosiegel die sogenannte «Kamea
aurea». Kamea oder Kamee bedeutet soviel wie geschnittener Stein.
Schmuckstücke, Amulette usw. werden so geschnitten, daß die ge-
wünschten Figuren Zahlen, Buchstaben usw. erhaben hervortreten. Bei
der «Kamea aurea» (aureus = golden, vergoldet, auch: herrlich, präch-
tig) handelt es sich also um die goldene, herrliche, unnachahmliche
Kamee schlechthin. Dies bezieht sich jedoch weniger auf das Material
oder das Aussehen der Kamee, sondern auf ihren Inhalt.

Das Urbild der «Kamea aurea», dieses prächtigen Edelsteins aus Gold,
entnahmen Freimaurer und Rosenkreuzer folgenden Hinweisen aus
Off. 21: «Er (ein Engel) entrückte mich im Geiste auf einen hohen Berg
und zeigte mir die Heilige Stadt Jerusalem, die vom Himmel hernieder-
schwebte, im Glanz der Herrlichkeit Gottes. Ihr Glanz glich einem
überaus herrlichen Stein, kristallenem Jaspis (meist goldgelb!).» (Off. 21,
10 f.).
«Als *Viereck* lag sie da, die Stadt; ihre *Länge ist gleich der* Breite (also
dem Augenschein nach zunächst als *Quadrat!*).» (Off. 21, 16)
«Er maß sie mit dem Meßstab: zwölftausend Stadien; ihre *Länge, Breite
und Höhe sind gleich* (bei genauem Messen also ein *Würfel!*).» (Off. 21,
16)
«Die Stadt selbst ist von *lauter Gold.*» (Off. 21, 17/18)
Diese Stadt «von lauter Gold» der Apokalypse ist also das Urbild der
«Kamea aurea», des «Edelsteins aus Gold» der Freimaurer, den die
Rosenkreuzer auch den «philosophischen Stein» nennen.
Bevor wir uns der freimaurerischen Sinnentfremdung dieses Symbols
zuwenden, wollen wir kurz seine bibelgemäße Deutung aufzeigen. Mit
der der Freimaurer stimmt diese insoweit überein, als das Symbol des
Würfels der «Heiligen Stadt Jerusalem» mit seinen drei *gleichen* Dimensionen die Vollendung des Symbols der rechteckigen jüdischen *Bundeslade* mit ihren drei *ungleichen* Dimensionen darstellt. Diese Bundeslade
symbolisierte die unvollkommene Drei, d. h. die noch *unvollkommene,*
erst nur erahnte *Trinität* oder Dreiheit, während der Würfel, auch Cubus
mysticus genannt, die *vollkommene* Drei, die im Neuen Testament *voll
bezeugte Trinität* oder Personendreiheit versinnbildlicht. Also ist nicht
nur Jahwe, der einpersonale Gott der Juden, in der «Kamea aurea»
bezeugt, sondern mit ihm die göttliche «Dreidimensionalität», der *trini-
tarische, dreipersonale Gott der Christen.* Diese Heilige Trinität wird in
dem von der Frau aller Völker geoffenbarten Siegel ausdrücklich bezeugt
und wir Christen glauben nun einmal Maria mehr als den Freimaurern
und ihrem Herrn und Meister.

Wenden wir uns nun dem Siegelschwindel der «Wissenden» der Gegenkirche zu. Sie versuchen, in den Cubus mysticus ihren «Großen» bzw.
«Allmächtigen Baumeister Aller Welten», den «ABAW», wie sie ihn in
Anlehnung an das Jahweh-Tetragramma «JHWH» kurz bezeichnen, in
der Weise hineinzuschmuggeln, daß sie diesen «Würfel des Geheimnis-
ses» aus sechs Flächenquadraten mit den apokalyptischen Maßen des
«Vierecks», der «Kamea aurea», bilden.
Diese Kamea stellt ein Quadrat mit der Seitenlänge «6» dar. Die Sechs
ist der Satanszahl der Apokalypse, der Zahl 666, entnommen, die ich
in meinen Büchern ausführlich beschrieben habe.[15] Diese «Zahl des
Tieres» lügen die Wissenden in die Zahl Gottes um, was näher zu analy-
sieren hier nicht der Ort ist.[16]
Unterteilt man das freimaurerische «Viereck» schachbrettartig nach
Maßgabe der Seitenlänge 6, so erhält man insgesamt 6 mal 6 = 36 Kleinquadrate. Versieht man jedes dieser Kleinquadrate mit einer Ordnungs-
zahl, so ergeben sich die Zahlen 1 bis 36 der Zählreihe. Addiert man
diese Zahlen $(1+2+3+4 \ldots$ usw. bis $+36)$, so ergibt sich als deren
Summe die apokalyptische Zahl 666. Zieht man durch dieses numerierte
«Schachbrett» die Diagonalen, so schneiden diese jeweils 6 Kleinquadrate an, deren Summe in beiden Fällen 111, also 666:6, ist (Taf. II).
Formal unterscheidet sich ein solches Sechserquadrat bezüglich des Ver-
hältnisses der Diagonalsumme zur Summe der Kleinquadrate zwar nicht,
einmalig an ihm ist nur die Tatsache, daß letztere mit der apokalyptischen
Zahl 666 identisch ist. Findige Mathematiker der Kerngnosis gaben sich
mit dieser Tatsache jedoch keineswegs zufrieden. Sie erklügelten eine
Aufteilung der 36 Ordnungszahlen im Sechserquadrat, bei der nicht nur
die Summen der Diagonalzahlen 666:6 = 111 ergaben, sondern auch die
Summen sämtlicher zwölf Kleinquadratreihen, der sechs waagrechten
ebenso wie der sechs senkrechten (Taf. II). Dabei ergaben sich drei ganz
besondere «Mysterien»:

Das «Mysterium» der Zahl 12 (12 ist die Zahl des Tierkreises,
                              12 ist die Zahl der Kleinquadratreihen,
                              12 ist die Zahl des apokalyptischen Vier-
                                  ecks, nämlich 12 000 Stadien);
das Mysterium der Drei in der Vier, das identisch ist mit
dem Mysterium des Tritagrammas «I-A-O» in dem Tetragramma
                       «JHWH» = Jahweh.

Das apokalyptische Siegel von Amsterdam deutet die «Drei in der Vier»
folgendermaßen: Die *Drei* bringt die Tugendakzente der drei göttlichen
Personen, nämlich *Gerechtigkeit* (des Vaters), *Wahrheit* (des Sohnes)
und *Liebe* (des Hl. Geistes) zum Ausdruck.

Die *Vier* ergibt sich aus der menschlichen Ebenbildlichkeit zur Trinität und wird durch das *Kreuz Christi* versinnbildlicht.

Der Akzent «Gerechtigkeit» liegt über dem christlichen Staat, dem *Heiligen Imperium,*
der Akzent «Liebe» über der Kirche, dem *Heiligen Sacerdotium,*
der Akzent «Wahrheit» liegt als Doppelakzent über dem in beide Institutionen eingebetteten Individuum, nämlich als das «zweischneidige Schwert» der Wahrheit oder der Sophia, dessen eine Schneide die *theologische,* dessen andere Schneide die *philosophische* Wahrheit versinnbildlicht. Zwar gibt es nur *eine* Wahrheit, wie ja auch die Gerechtigkeit und die Liebe unteilbar sind. Aber diese eine Wahrheit oder Sophia muß sich an zwei göttlichen Offenbarungen, der übernatürlichen und der natürlichen, orientieren und wird erst dann zur *einen* Wahrheit, wenn beide einander widerspruchslos gegenüberstehen. (Ausführlich behandelt in meinem Buch «Das Ultimatum Gottes»).

Die Deutung der trinitarischen Drei in dem Tetragramma des Kreuzes Christi leugnet die Freimaurerei, obwohl ihr Dirigismus, die sogenannten Wissenden, diese marianisch-johanneische Deutung kennen.

Folgender Hokuspokus liegt der freimaurerischen Deutung der «Drei in der Vier» zugrunde:

Das «Mysterium» der Zahl 12 wurde bereits beschrieben. Von einem Mysterium kann hier aber keine Rede sein; denn das einzige, was daran mysteriös gewesen ist, war die Falschdeutung der Würfelsymbolik. Mit dieser ist es nun für immer zu Ende.

Das «Mysterium» der Drei in der Vier bzw. von «I-A-O» in «JHWH», das die Richtigkeit des freimaurerischen Unitarismus (des einpersonalen Gottes der Freimaurer, Juden, Moslems usw.) beweisen soll, ist nicht minder simpel und an den Haaren herbeigezogen.[17]

Zieht man in dem «magischen» Sechserquadrat, in dem alle zwölf Kleinquadratreihen immer die Zahl $111 = 666:6$ ergeben, beginnend mit 1 und fortfahrend nach Maßgabe der Zählreihe jeweils eine Gerade, so erhält man ein Liniengewirr von 35 Geraden. Diese weisen die Eigenart auf, daß sich eine größere Anzahl in einem gemeinsamen Punkte schneiden und daß man aus ihnen bei einiger Phantasie die Buchstaben I, A und V herauslesen kann.[18] Da das Schriftzeichen V in der lateinischen Lapidarschrift auch für U und O stehen kann, wobei die letztgenannte Transfiguration schon als reichlich gewagt anzusehen ist, war für den freimaurerischen Mystizismus die «Kamea aurea» zur Wiege des «verlorenen Wortes», des Wortes «*Jehovah*» geworden, und zwar auf folgende Weise:

Die Juden hatten für Gott die beiden Namen «Jahweh» und «Adonai». Den Namen «Jehowah» kannten sie nicht.

Aus dem Wort «Jahweh» ermittelte man das Konsonantentetragramma «JHWH», was die Freimaurer und Rosenkreuzer zur apokalyptischen «Vier» erhoben.

Die fehlende «Drei» mußte also aus drei *Vokalen* bestehen, die man zwischen die vier *Konsonanten* einzuschieben hatte. Diese Vokale entnahm man dem zweiten jüdischen Gotteswort «Adonai». Es enthält zwar vier Vokale, aber da A zweimal erscheint, konnte man es auf die Zahl 1 reduzieren. Auch mit dem I wollte es nicht so ganz stimmen, weil «JHWH» bereits das I-ähnliche «Jod» aufweist. Aber mit etwas Großzügigkeit und Rabulistik konnte man dem «Mysterium» schon auf die wackeligen Beine helfen (Taf. II).

Die Gleichung der freimaurerischen «Drei in der Vier» bekam so die folgenden Fassungen:

I. Adonaivokale	plus	Jahwehkonsonanten	=	Jehovah
II. I - A - O	plus	J - H - W - H	=	J-E-H-O-W-A-H
III. 3	plus	4	=	7

Dieses «Geheimnis» der Drei in der Vier drücken Freimaurer und Rosenkreuzer in den verschiedenartigsten Symbolen aus. Das einfachste hiervon zeigt ein Dreieck in einem Viereck auf. Komplizierter machen es schon die Andreasmaurer mit Hilfe ihres «berühmten geheimnisvollen» Schlüssels (Taf. V). Sie schlingen zwei verschiedenfarbige Dreiecke zu einem Hexagramm ineinander und unterbrechen eine Seite des unteren Dreiecks durch einen «Schlitz», so daß es statt drei vier Geraden aufweist. Die ganze Verschlingerei bedeutet nichts anderes als I-A-O (oben) in J-H-W-H (unten). Wer in der Großen Landesloge von Deutschland die unteren Johannisgrade absolviert hat, braucht sich künftighin nicht mehr durch die Andreasgrade zu zwängen. Das Wesentliche der «freimaurerischen Weisheit» kann er hier nachlesen. Das gilt auch für jene katholischen Theologen, die es so sehr nach dieser «Weisheit» verlangt. Die Apokalypse ist zwar keine esoterische Schrift, wie die Freimaurer den Christen aufbinden möchten. Sie ist aber auch kein Tummelplatz für pseudomystische Blödeleien, wie sie zur Zeit den «Eingeweihten» im Progressismus untergejubelt werden. Nur wer zum richtigen Lesen der Amsterdamer Botschaften der Frau aller Völker zu faul und zu dumm ist, kann an derlei sein Genüge finden.

e) Die Magie der Würfelkreuze

Der Cubus mysticus ist die Kaaba der Freimaurerei. Ihr «Allah» ist der «ABAW», sie steht dem Islam näher als dem Christentum, und wenn fromme Moslems auch nur selten Freimaurer sind, so vor allem deshalb, weil sie diesem «ABAW» nicht trauen. Zum ersten, weil er zu nahe beim Demiurgen, dem luziferischen «Schöpfergott» wohnt, zum andern weil die Freimaurer — wenigstens dem Augenschein nach — nicht ganz auf das Kreuz verzichten zu sollen glauben, wenn sie es auch zum «Kreuz Allah's», «Kreuz Jehovas» oder «Kreuz des Vaters» umgemogelt haben.[19]

Dieses freimaurerische Pseudokreuz ergibt sich aus dem Würfel, der hohl zu denken ist und innen mit den 36 Zahlen der «Kamea aurea» austapeziert ist. Schneidet man ihn an den Kanten auf, erhält man seine Netzabwicklung, die, flach auf eine Ebene gelegt, ein aus sechs Quadraten bestehendes Kreuz, das *Würfelkreuz,* darstellt (Taf. III).

Die sogenannte «christliche» Freimaurerei benötigt diesen Schwindel, um sich als «christlich» maskieren zu können. In Wahrheit ist es eine Blasphemie, etwas christlich zu nennen, das die Gottheit Christi leugnet und die göttliche Person des Vaters dazu mißbraucht, Verrat am Sohn zu betreiben.

Dies und nichts weniger geschieht durch das *unitaristische,* das auf den *einpersonalen* Gott hinweisende freimaurerische Würfelkreuz, mit dessen Hilfe man die christlich-freimaurerische Schwindelökumene durchzuführen am Werke ist. Den Beweis für diese Behauptung werden wir demnächst liefern.

Während der Cubus mysticus im Ritual der Freimaurer, wenn in den unteren Graden auch unter allen möglichen Bedeutungsversimpelungen, gezeigt wird, hat man das Würfelkreuz bisher der «regulären» und der «irregulären» Hochgradfreimaurerei zur ausschließlichen «Bearbeitung» überlassen.

Die *«Regulären»* benutzen es meist nur im persönlichen Bereich, vor allem in der Spielart des *Kugelkreuzes* (Taf. III). Dieses erhält man beim Auseinanderklappen einer kleinen, meist vergoldeten Kugel, die manche Freimaurer als Talisman bei sich tragen. Ein sinnreicher Mechanismus ermöglicht ein müheloses Auseinanderklappen in sechs miteinander durch kleine Scharniere verbundene angenäherte Quadrate. Bestimmte progressistische Kreise versuchen in neuerer Zeit, ein papierenes *Unitarierkreuz,* auf welchem an Stelle des Corpus des Gekreuzigten das *Vater*-unser zu sehen ist, ins christliche Volk zu schmuggeln. Vor solchem Betrug wird gewarnt! (Taf. III)

Die *«Irregulären»* erkennen im Zahlensymbol 666 dessen satanische Herkunft an und bekennen sich ohne Umschweife zur satanischen Aussage des Würfelkreuzes, zum *Satanskreuz* (Taf. III/3).

f) Sonstige Satanskreuze

Das Würfelkreuz wird auch als satanistisches *Primärkreuz* (Taf. IV) bezeichnet. Aus den Diagonalen seiner magischen Quadrate lassen sich eine Reihe von *Sekundärkreuzen und -symbolen* (Taf. IV) ableiten. In den Logen arbeitet man gern mit dem «Reißbrett», dem normalen wie dem symbolischen.[20] Aus dem, was manche dabei auszuklügeln vermögen, können Wissende ersehen, wie weit dieser oder jener schon auf die Spur des *bewußten* Satanismus gekommen ist. Unter diesen sind auch die Erfinder der Sekundärkreuze, vor allem der *Achteckkreuze,* und die Mißbraucher und Mißdeuter des Swastika- oder *Hakenkreuzes* zu finden. Besonders zu erwähnen ist außerdem das *Ankh-* oder *Henkelkreuz* (Taf. IV) — auch *Ansatakreuz* genannt. Es ist in Wahrheit eine ägyptische Hieroglyphe und dient als Glücksamulett magischen Zwecken. In der Rosenkreuzerei ist es weit verbreitet. Neuerdings kann man es auch in den Devotionalienläden an Wallfahrtsorten (besonders in Altötting!!!) in den Auslagen bestaunen. Hier liegt es inmitten von meist corpuslosen Kitschkreuzen, deren Zweck es ist, die Gläubigen allmählich vom Kreuz Christi zu entwöhnen. Die Entwöhnung ist ja überhaupt das progressistische Umerziehungsmittel schlechthin. Man sehe sich aus dieser Sicht nur einmal die «Kreuze» an, die von unwissenden und leichtfertigen Pfarrern und Bischöfen in unsere Gotteshäuser an die Stelle echter Kruzifixe lanciert wurden.

Es wird ohnedies nicht mehr lange dauern, dann kann der Gnosiologe, zu dessen Forschungsbereich die Freimaurerei zählt, in der modernistischen Kitschsymbolik der «nachkonziliaren» katholischen Kirche seinen Bedarf an satanistischem Anschauungsmaterial ohne Mühe decken. Fast alles hat seine Grenzen, nur die Dummheit scheint keine Grenzen zu kennen, vor allem nicht im Bereich der eitlen Neuerungs- und Anpassungssucht gewisser Teile des Klerus. Dabei kommen sich diese Hereingefallenen wunder wie gescheit vor.

Zu den Satanskreuzen zählt ferner das *Rosenkreuz* (Taf. IV), das vorerst im katholischen Raum noch nicht ermittelt wurde, aber wohl nicht mehr lange auf sich warten lassen dürfte. In katholischen Kirchen findet man mitunter auch sogenannte gnostische *Gitterkreuze* (Taf. IV). Bei diesen handelt es sich um Flächenkreuze mit 36 Gittern, die meist mit Perlmutt ausgefüllt sind und einen Gekreuzigten mit weit gespreizten Beinen aufweisen. Ohne ins Detail zu gehen, soll nur angedeutet werden, daß hier eine Symbolik vorliegt, die Off. 11, 8 (Sodoma und Ägypten, d. h. Pansexualismus und Panmagie) zuzurechnen ist. Die zweitausendjährigen «Füchse» kennen eben ihre Symbolik, die «zehnjährigen Esel» haben von der falschen und der echten keine Ahnung!

g) *Die Magie des rosenkreuzerischen Merkursiegels*

Es mag da und dort Widerspruch hervorrufen, wenn behauptet wird, die Satanisten, wenigstens die dem Patriarchat angehörigen, seien im Besitz des echten johanneischen Schlüssels oder Siegels der Apokalypse. Vor allem wendet man ein, Gott würde es kaum zulassen, daß die Synagoge Satans der Kirche theologisch auf irgend einem Gebiet voraus wäre. Darauf ist zu antworten, daß nicht die Freimaurer schlechthin das Siegel besitzen, sondern nur einige wenige gradlose Adepten, daß im Gegensatz hierzu aber jeder gläubige und seinen Katechismus beherrschende Katholik über die theologischen Voraussetzungen zur Inbesitznahme des Schlüssels verfügt und daß nur das totale Desinteresse der Theologen an der Apokalypse und an der sie kommentierenden marianischen Prophetie schuld daran ist, daß der Schlüssel und die durch ihn entschlüsselten Texte der Apokalypse noch immer nicht in den Schulen gelehrt werden können, obwohl beide in weiten Kreisen längst bekannt sind und diskutiert werden. Nicht Gottes besondere Zugeständnisse an die Freimaurerei, sondern das rege Bemühen ihrer Hierarchen und Theologen einerseits und die eschatologische und mariologische Ignoranz der katholischen Hierarchie und Theologie andererseits sind die Ursache des noch immer unangefochtenen Siegelmonopols der Satanisten.

Auf dieses stieß ich gegen Ende der fünfziger Jahre bei der Analyse von Off. 6, 2, wo es heißt, daß der aus dem dämonischen «Osten» kommende apokalyptische Reiter «Bogen» und «Kreuz» besäße, nach dem er ausgezogen sei, «ein Sieger, um zu siegen». Damals hatte ich mit Hilfe von Hinweisen in den Amsterdamer Botschaften die äußere Form des Siegels schon erarbeitet und war dadurch in der Lage, es mit den Siegeln gewisser freimaurerischer, vor allem rosenkreuzerischer Wissender zu vergleichen. Tatsächlich war festzustellen, daß diese freimaurerischen Pseudo-Siegel, wenn man vom Würfelkreuz absieht, die philosophische Aussage von «Bogen» (Bogendialektik) und «Kranz» (Kreisdialektik) aufweisen. Ich entwickelte auf dieser Erkenntnisgrundlage die Methode der vergleichenden Symbolanalyse und konnte so eine Reihe von gefälschten Siegeln entlarven. Ein besonders eindrucksvolles Beispiel bildet das verfälscht wiedergegebene Johanneische Siegel der Haarlemer Rosenkreuzer, das mit dem Planetenzeichen für «Merkur» identisch ist und von mir als das *Merkursiegel* benannt wurde (Taf. V).

h) Die Magie der Amulette und Abzeichen

Die Experten für Magie unter den Freimaurern sprechen von weißer und schwarzer, von menschenfreundlicher und menschenfeindlicher Magie. Manche Johannismaurer ziehen daraus den falschen Schluß, daß man sich die weiße Magie nutzbar machen könnte, ohne dadurch die schwarze zu provozieren. Genau das Gegenteil ist der Fall; denn wo der Dämon hilfreich in Erscheinung tritt, täuscht er nur Menschenfreundlichkeit vor, um dann als Unheilsdämon um so leichter Zugang zu seinem Opfer zu finden. Widerfährt diesem plötzlich auf unerklärliche Weise Unheil, so stammt dies zwar vom gleichen Dämon. Aber unter Berufung auf sein vorausgegangenes «weißes» Wirken kann er sich von dem Unheilsdämon, der er in Wahrheit selber ist, vor seinem Opfer distanzieren. Diese Erfahrung liefern vor allem solche Fälle, wo sich der Dämon als Quelle von inneren Stimmen, von medialem Schreiben und ähnlichem zu erkennen gab, wenn auch mit falscher Legitimation.

Ähnlich verhält es sich mit dem pseudomystischen Phänomen der Christusstimmen, das eine Mode geworden zu sein scheint. Meist genügt schon der dabei zutagekommende Tratsch, um den vermeintlichen Herrn als einen Dämon zu erkennen. Prototypisch für diesen dämonischen Schwindel ist ein Fall, der aus Mexiko berichtet wird und der von allzu leichtgläubigen frommen Leuten für ein Wunder Christi gehalten wird. Die große Ernüchterung kommt erst dann, wenn sich die angeblichen Christusweissagungen als plumper Schwindel erweisen werden. Weiße Magie ist eben genau so schwarz wie schwarze, sie hat sich nur für kurze Dauer rasch ein weißes Lammfell übergezogen.

Diese Zusammenhänge muß man kennen, wenn man Sinn und Wirkungsweise von Amuletten beurteilen will. In Schaufenstern und illustrierten Werbeschriften liest man mitunter die Überschrift: «Magneten des Glücks». Man müßte hinzufügen: «aber nur solange, bis der Pferdefuß der schwarzen Magie zum Vorschein kommt».

Die dort aufgezeigten Amulette zeigen Symbole auf, die man in jeder Freimaurerloge, an jedem Klempnerladen hochdekorierter Freimaurer finden wird, die Schlüsselzahl 36 eingeschlossen. Entscheidend ist bei der Verwendung magischer Symbole nicht, was man selbst an Symbolgehalt in sie hineindenkt, sondern welche Schlüsselkraft für die Dämonen in ihnen enthalten ist, und zwar unabhängig von eigener persönlicher Symboldeutung. Das magische Kräftefeld eines Logenraums ist deshalb immer ungewöhnlich stark, gleichgültig, ob es sich bei den Trägern der Symbole um Johannismaurer oder um Hochgrade handelt. Gleiches gilt auch von den Trägern oder Trägerinnen magischer Amulette (Taf. VI).

i) Die Magie satanistisch-pseudosakraler Kunst

Wer dies alles bedacht und begriffen hat, wird nur noch mit Grausen und mit Entsetzen durch christliche Gotteshäuser schreiten, die oft vollgestopft sind mit Kunsterzeugnissen der modernen Magie. Ich möchte aus diesem Bereich auf drei besonders markante Beispiele kurz hinweisen.

Beispiel 1:

Das in spätgotischer Zeit in die Fundamente des Würzburger Domes von einem «freien Maurer» eingefügte satanistische Barbatuskreuz wurde gefunden, als der Dom bis auf die Grundmauern von Bomben zerstört war. Was immer diese magische Zinke hierbei für eine Rolle gespielt haben mag: Als «Magnet des *Glückes*» hat sie sich gewiß nicht erwiesen.

Beispiel 2:

Unter dem gleichen Bischof, der diesen gezinkten Dom nach dem Kriege unter seine Obhut nahm, wurde vor kurzem eine Kirche gebaut und geweiht, die einen Halbwürfel darstellt und deren Kassettendecke 36 Kassetten aufweist. Geweiht wird alles, wenn es nur «modern» ist und wenn es «das Volk» auch nicht versteht und billigt. Daß «das Volk» auch aus Leuten besteht, die davon mehr verstehen als die Bischöfe und ihre «Experten», scheint progressistischer Hochmut für unmöglich zu halten.

Beispiel 3:

In der Pfarrkirche zu Wien-Hetzendorf befindet sich eine blasphemische Verhöhnung der Muttergottes in Form dreier Bilder eines wissenden Satanisten, deren magische Strahlkraft ausreichen dürfte, um die Katastrophen des biblischen Aspekts «Greuel der Verwüstung» zu provozieren. Ich habe den Wiener Kardinal vor diesen Zusammenhängen wiederholt — natürlich ohne Erfolg — gewarnt.

Fazit: «Alle Kunst ist Magie», schreibt ein anonymer Hochgrad. Die progressistische Kirchenkunst gibt ihm jedenfalls recht!

k) *Die Magie des freimaurerisch gesteuerten Pansexualismus*

Wie auch die Apokalypse bezeugt, wachsen Panmagie («Ägypten») und Pansexualismus («Sodoma») auf dem gleichen Ast. Wenn es dazu noch eines Erfahrungsbeweises bedurft hätte: Unsere Gegenwart liefert ihn jeden Tag in beängstigender Fülle. Besonders die Jugend befindet sich in einem derart dichten magischen Spinnennetz, daß eine Kirche und ein Staat, die hier nicht mit ihren jeweilig vorhandenen Mitteln und Möglichkeiten eingreifen, in absehbarer Zeit vor die Schranken des göttlichen Strafgerichts gerufen werden. Die Apokalypse läßt hierüber nicht den geringsten Zweifel zu.
Auch dieses Thema würde ein Buch füllen und kann hier nur kurz angeschnitten werden.
Die irreguläre Hochgradfreimaurerei, von der die reguläre seit langem eine satanistische Pointe nach der andern stibitzt und die ihrerseits behauptet, auch das Wissen der wichtigsten regulären Hochgradobödienzen in sich zu vereinigen, prägte zu Beginn unseres Jahrhunderts folgende Parole:

«Tu was du willst, soll sein das ganze Gesetz.»
So lautet das Leitmotiv. — Ihm folgt:

«Der Mensch hat das Recht, zu lieben wie er will:
auch erfüllet euch nach Willen in Liebe

wie ihr wollt,

wann,

wo

und *mit wem* ihr wollt.»

Gleich im Anschluß an dieses freimaurerische Brevier des Pansexualismus wird der Jugend unserer Zeit der geistige Weg in den Anarchismus unserer Tage gewiesen mit dem Zusatz:

«Der Mensch hat das Recht, all diejenigen zu *töten,*
die ihm diese Rechte zu nehmen suchen.
'Die Sklaven sollen dienen.'
Liebe ist das Gesetz, *Liebe unter Willen.*»

Panmagismus und Pansexualismus sind die tragenden Säulen der Baader-Meinhoff-Moral. Diese ist letzte Konsequenz einer freimaurerisch gesteuerten «bürgerlichen» Presse — und zwar der direkt wie der indirekt gesteuerten —, die sich jetzt, wo ihre Saat aufgeht, von ihren jugendlichen Opfern distanziert. Gewiß, diese Opfer müssen zur Verantwortung gezogen werden. Aber mit ihnen müßten es alle die, die sie das Spiel mit dem Feuer Satans lehrten und alle die, die sie nicht von diesem Spiel zurückzuhalten vermochten, weil sie sich ihrer Möglichkeiten *schämten.* Kirchlich gesteuerte Jazzkeller und Diskotheken zählen natürlich nicht zu diesen Möglichkeiten, sondern zu derem Gegenteil!

Schlußbemerkungen

Wer immer über die Freimaurerei zu urteilen versucht, sieht sich zunächst vor einer verschlossenen Pforte stehen.

Die Freimaurer selbst bezeugen dies mit dem Hinweis, daß man Freimaurerei nicht intellektuell erfassen könne, man müsse sie vielmehr leben und erleben und müsse vieles gehorsam hinnehmen, ohne auf die ersehnte «Einweihung» hoffen zu können.

In der vorliegenden Schriftenreihe wird diese Behauptung widerlegt, wird der Gegenkirche exoterisch zu Leibe gegangen.

Der bekannte Interpret der Freimaurerei, Alec Mellor, stellte in seinem Buch «Logen — Rituale — Hochgrade» mit Recht fest, daß eine Einverleibung der Kirche in die Freimaurerei bzw. eine katholische Freimaurerei «ein Nonsens» wäre. Er irrt aber, wenn er dies damit zu begründen versucht, daß die Freimaurerei «keine religiösen Ziele» habe und daß ihre Zukunft «in ihren Symbolen» läge.

Melloc und viele mit ihm kennen nur die Fassade der Freimaurerei, die diese ja kaum zu verbergen sucht, weil die meisten Freimaurer selbst nicht wissen, was sich hinter dem Mummenschanz ihrer Symbolik verbirgt.

«Ihrem Wesen nach sind Symbole keine Dogmen», sagt Mellor. Das wird auch niemand behaupten wollen. Aber Symbole sagen vielfach Dogmatisches aus, also vermögen sie auch *Antidogmatisches* auszusagen. Daß Christus Gott ist, ist ein Dogma. Daß er es nicht ist, ist ein Antidogma. Das Kreuz der Christen bezeugt Christus als Gott, das Würfelkreuz der Freimaurer leugnet seine Gottheit. Es wäre also schlimm, wenn die Zukunft der Freimaurerei «in ihren Symbolen» läge. Auf jeden Fall werden wir das zu verhindern suchen! Auch pseudoreligiöse Ziele gehören zu dem Aspekt «Religiöse Ziele der Freimaurerei».

Wer ernsthaft Gnosiologie betreiben will, muß das gleiche tun wie die Wissenden der Gegenkirche: Er muß in den Mittelpunkt seiner Untersuchungen die Apokalypse und die sie kommentierende marianische Prophetie stellen. In einem späteren Heft werden wir diese Forderung eingehend begründen.

Gnosiologen haben es primär mit der Phänomenologie der Gnosis, also auch der Freimaurerei, zu tun; sie ist eine Profanwissenschaft. Die Theologie hat lediglich die Aufgabe, festzustellen, ob Ergebnisse dieser Profanwissenschaft gegen den Glauben verstoßen. Da sich die offizielle und schulmäßig betriebene Theologie überhaupt nicht um diese Ergebnisse kümmert, muß unterstellt werden, daß viele Theologen bereits ihren inneren und äußeren Frieden mit dem freimaurerischen «ABAW» geschlossen haben. Selbst im Vatikan tritt diese Tendenz deutlich hervor. Dies alles läßt die Befürchtung als begründet erscheinen, die hier vorgenommene Entlarvung könnte bereits zu spät erfolgt sein und von den die Kirche faktisch beherrschenden Häretikern brutal unter den Tisch gefegt werden. Für diesen Fall hat die Endzeitprophetie pädagogische Vorsorge getroffen: Was nicht mehr auf geistigem Wege zu retten ist, wird auf *physischem* gerettet werden. Die Endzeitkatastrophen beginnen laut Off. 16, 13 mit dem Erscheinen der «drei Frösche». Dieses Ereignis trat um 1940 ein, seitdem entwickelte sich alles der Apokalypse gemäß weiter. Die Wissenden der Freimaurerei sind darüber ebenso im Bilde wie ich, denn sie haben den gleichen echten Schlüssel im Besitz, den sie nach Kräften im Gegensinne mißbrauchen, während die «Wissendseinsollenden» der Kirche daumendrehend zusehen, wie die Kirche Zug um Zug in die Gegenkirche «integriert» wird.

Das ist der größte Skandal der Heilsgeschichte. Ihm werden wir mit Gottes Hilfe ein Ende bereiten, falls uns der «Dolch der Kadosch» der «Höchstgrade» nicht daran hindert und Gott uns als Herrscher über die Geschichte und die Natur dabei rechtzeitig zu Hilfe kommt.

Literaturnachweis

1 Herbert Haag, Abschied vom Teufel, Benziger-Verlag, 1971
2 Mordecai Roshwald, Das Ultimatum — Die letzten Tage eines Atomkrieges, Goldmann-Taschenbuch 1752
3 Adolf Rodewyk, Dämonische Besessenheit heute, und: Die dämonische Besessenheit, beide Pattloch-Verlag, Aschaffenburg, 1966 und 1963
4 Benedikt Stolz OSB, Die Macht Mariens über die Dämonen — Ein Tatsachenbericht, Miriam-Verlag, D-7893 Jestetten
5 Hans Baum, Das Ultimatum Gottes, Christiana-Verlag, Stein am Rhein, 1972, Seite 81 f.
6 P. Sutter, Satans Macht und Wirken (drei Berichte über Besessenheitsfälle), Verlag S. Hacker, Gröbenzell, 1966
7 Taschenbuch «Die Botschaften der Frau aller Völker», Miriam-Verlag, D-7893 Jestetten, Seite 16
8 Michel Dierickx S.J., Freimaurerei die große Unbekannte, Bauhütten-Verlag GmbH, Frankfurt/Hamburg, 1968
9 F. W. N. Otto, Das Geheimnis der Freimaurerei enthüllt, Chasalla-Verlag, Kassel, 1911, Seite 56 und 99 f.
10 Spiegel Nr. 15/1963, Seite 62/63
11 Hans Otto Bock, Die Rituale der Freimaurer, Akazienverlag A. Buss, Hamburg, 1963
12 Horst E. Miers, Lexikon des Geheimwissens, Verlag Hermann Bauer KG, Freiburg i. Br., 1970, Seite 431
13 Miers, siehe 12, Seite 103 «Demiurg» und Seite 261 «Lucifer»
14 Alec Mellor, Logen — Rituale — Hochgrade, Verlag Styria, Graz, Wien, Köln, 1967, Seite 112; Baukran-Ritual fotografiert
15 «Oriflamme», Schriftenreihe des Verlags Psychosophische Gesellschaft Zürich, Nr. 21, S. 245, Nr. 64, S. 667 usw.
16 «Oriflamme» Nr. 62, S. 643, Nr. 63, S. 655 usw.
17 Miers, siehe 12, S. 215 «Jehovah», S. 204 «IAO»
18 «Oriflamme» Nr. 21, S. 245
19 «Oriflamme» Nr. 15, S. 172
20 Miers, siehe 12, S. 341

Symbolik unter der Lemniskate, dem Zeichen der Panmagie

Arbeitstafel bzw. Teppich oder Tapis der Loge des ersten (!) Grades der („christlichen") Großen Landesloge von Deutschland

(1) Lemniskate   (2) „Winkel" (stehendes, männl. Dreieck)

(3) „Zirkel" (liegendes, weibl. Dreieck)

(4) „Andreaskreuz" (erotischer und gnostischer Dualismus)

(5) „Baphomet" der Gnosis = Demiurg

(6) „Cubus mysticus" oder Würfel Jehovas bzw. des Demiurgen

(7) Je 36 dunkle und helle Dreiecke in der Umrandung (36 ist die Schlüsselzahl von 666)

(8) Je 66 dunkle und helle Dreiecke (Summe der ersten 8 Kleinquadrate des Sechserquadrates)

Und dies bereits im ersten Johannisgrad einer „christlichen" Loge!

Vom Sechserquadrat zum magischen Quadrat „Kamea aurea"
bzw. zu „ I – A – V (=O) "

Tafel II

Sechserquadrat

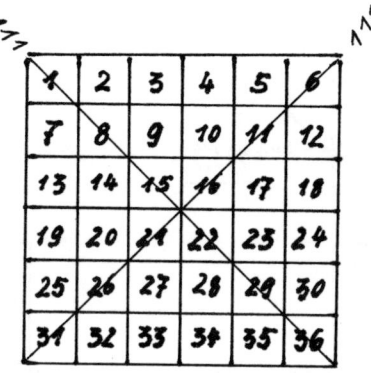

Die Summe aller Ordnungszahlen = 666
Die Summe der „Diagonalzahlen" = 111 = 666 : 6

Magisches Quadrat „Kamea aurea"   I – A – O = Gruppe

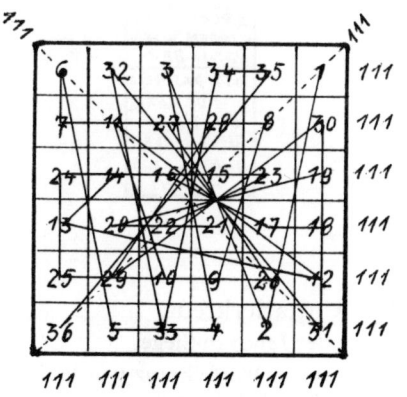 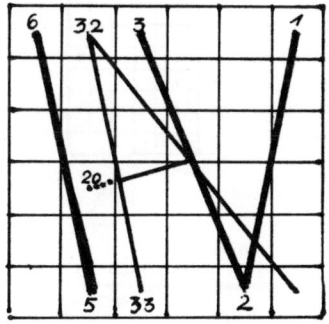

Die Summe aller Zahlen = 666   Die Buchstaben I, A und V (O)
Die Summe der „Diagonalzahlen" = 111   i s o l i e r t
Die Summe aller waagrechten Reihen = 111
Die Summe aller senkrechten Reihen = 111
16 Geraden schneiden sich im Rechteck „15 + 21" = 36
Im Liniennetz erscheinen I, A und V (=O)

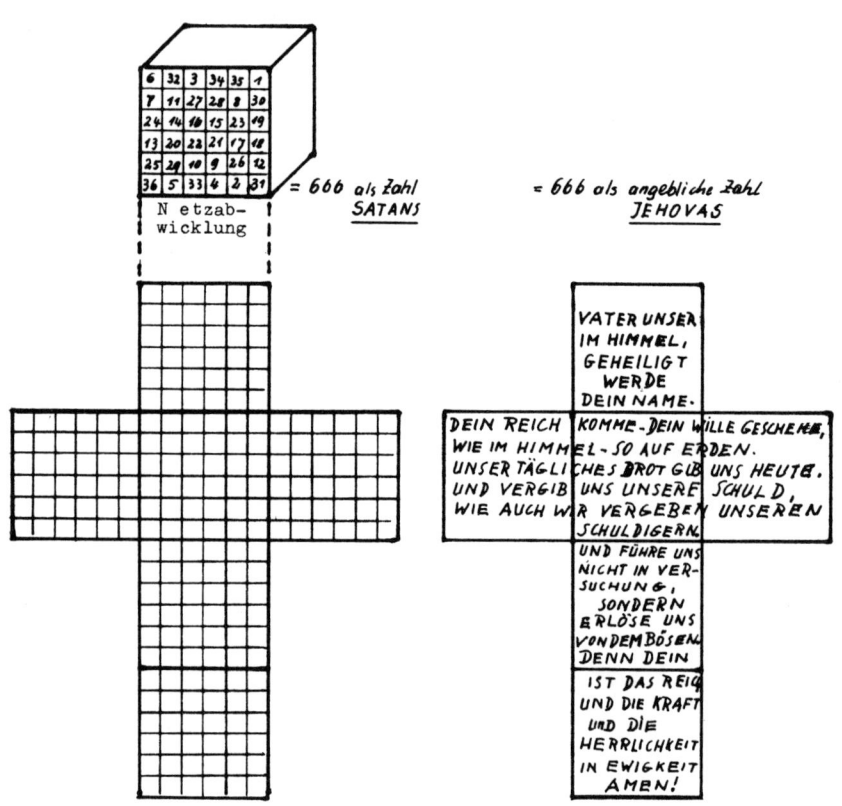

6	32	3	34	35	1
7	11	27	28	8	30
24	14	16	15	23	19
13	20	22	21	17	18
25	29	10	9	26	12
36	5	33	4	2	31

Netzab-
wicklung

= 666 als Zahl
SATANS

= 666 als angebliche Zahl
JEHOVAS

VATER UNSER
IM HIMMEL,
GEHEILIGT
WERDE
DEIN NAME.

DEIN REICH KOMME-DEIN WILLE GESCHEHE,
WIE IM HIMMEL - SO AUF ERDEN.
UNSER TÄGLICHES BROT GIB UNS HEUTE.
UND VERGIB UNS UNSERE SCHULD,
WIE AUCH WIR VERGEBEN UNSEREN
SCHULDIGERN.

UND FÜHRE UNS
NICHT IN VER-
SUCHUNG,
SONDERN
ERLÖSE UNS
VON DEM BÖSEN
DENN DEIN

IST DAS REICH
UND DIE KRAFT
UND DIE
HERRLICHKEIT
IN EWIGKEIT
AMEN!

Satanskreuz
oder Satanssiegel

Unitarierkreuz
oder Jehovah-Siegel
(Dieses Würfelkreuz wurde im
Maßstab 1:5 einem zusammen-
faltbaren Original-Unitarierkreuz
nachgezeichnet, das von amts-
kirchlicher Seite verbreitet wird.
Der saloppe Faksimiledruck ent-
spricht dem des Originals. Auflage viele Tausende in einer
einzigen Stadt!)

Tafel III/B

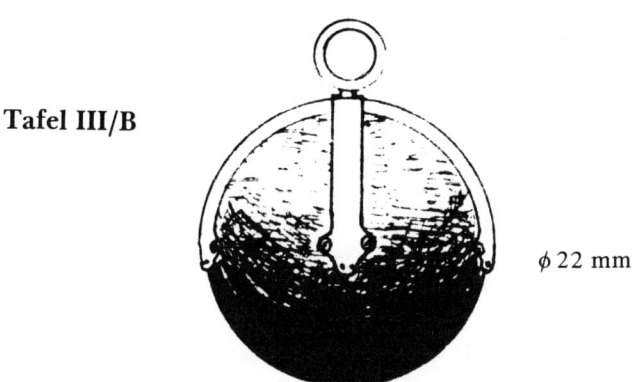

ϕ 22 mm

Freimaurerisches   Kugelkreuz

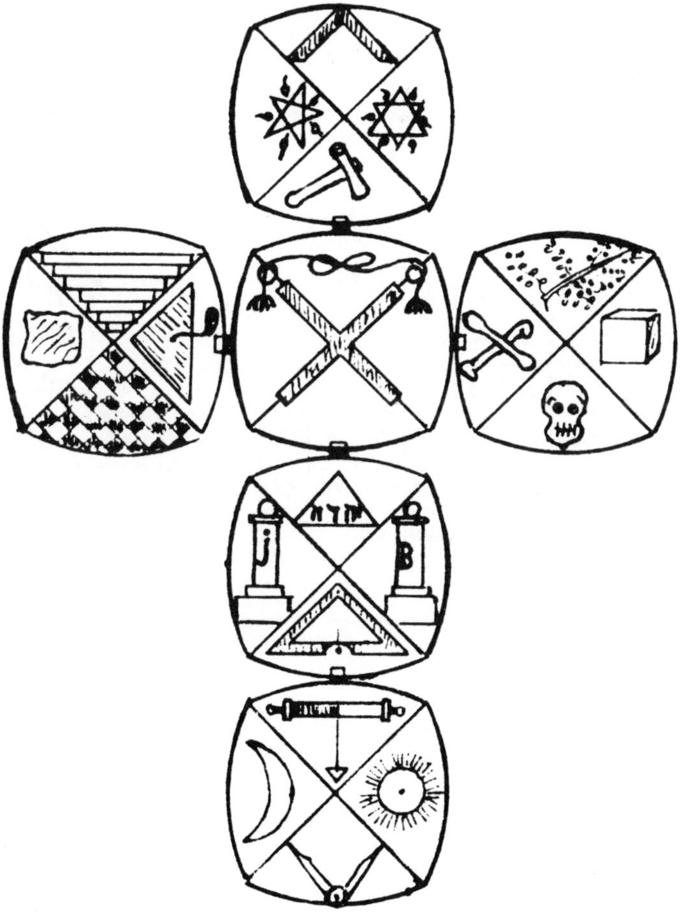

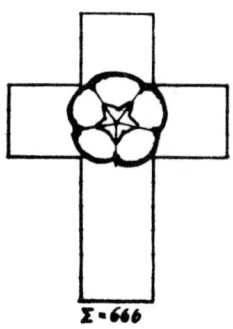

Rosenkreuz

in „moderner" Fassung:
Rose auf Satanskreuz.
Zugleich eine Selbst-
entlarvung!

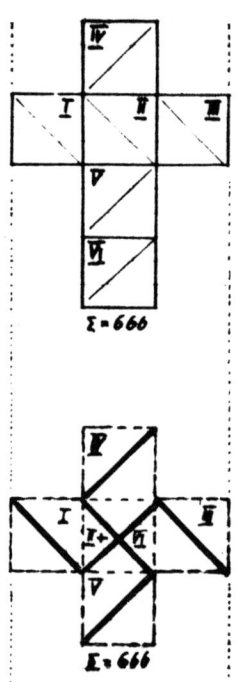

Hakenkreuz

als Diagonalenkreuz des
Satanskreuzes. Satanist.
Aussage: $6 \cdot 111 = 666$

(1)	(2)	3	4	(5)	(6)				
(7)	(8)	9	10	(11)	(12)				
(13)	(14)	15	16	(17)	(18)				
1	2	19	20	21	22	23	24	5	6
7	8	25	26	27	28	29	30	11	12
(31)	(32)	33	34	(35)	(36)				
		13	14						
		17	18						
		31	32						
		35	36						

$\Sigma = 666$

Gitterkreuz

in katholischen Kirchen
ohne die Ordnungszahlen

Henkelkreuz

auch Ansata- oder Ankh-
kreuz genannt

Tafel V/A   **Theologischer Schlüssel**
                (zugleich theologischer Ordo)

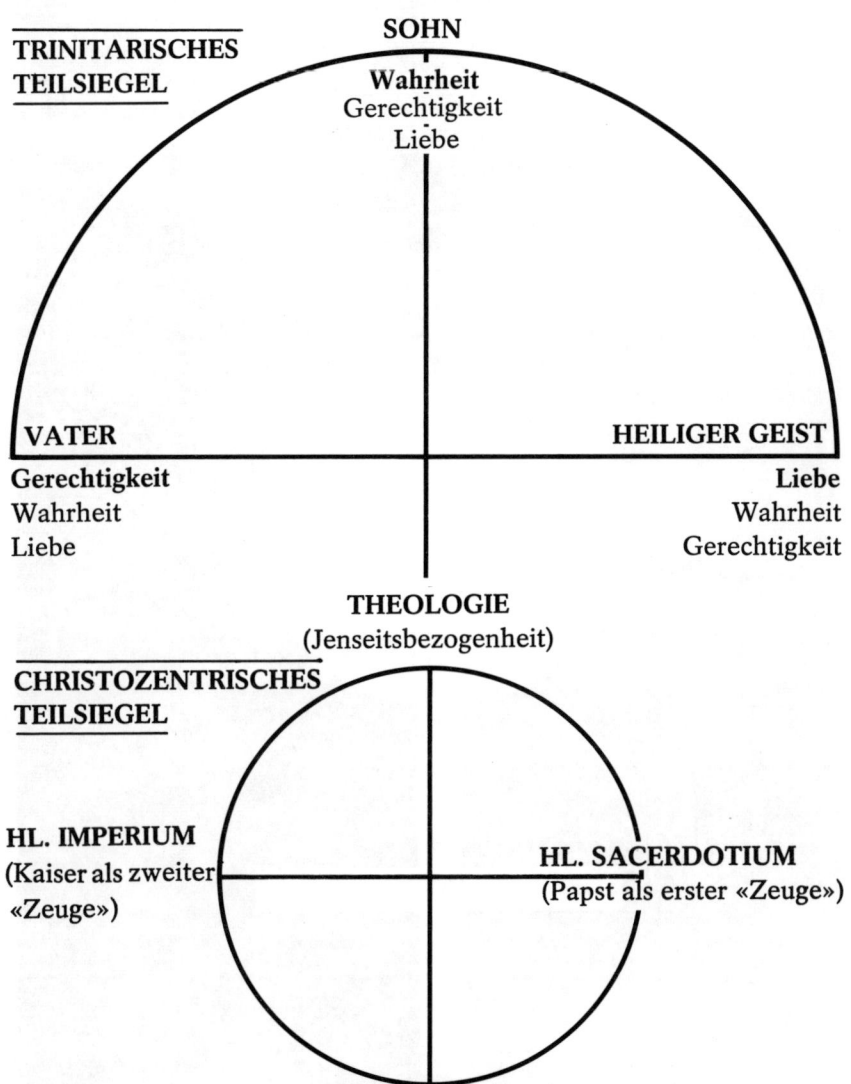

SOHN
TRINITARISCHES
TEILSIEGEL
                        Wahrheit
                        Gerechtigkeit
                        Liebe

VATER   **HEILIGER GEIST**
Gerechtigkeit   **Liebe**
Wahrheit   Wahrheit
Liebe   Gerechtigkeit

THEOLOGIE
(Jenseitsbezogenheit)

CHRISTOZENTRISCHES
TEILSIEGEL

HL. IMPERIUM   **HL. SACERDOTIUM**
(Kaiser als zweiter   (Papst als erster «Zeuge»)
«Zeuge»)

PHILOSOPHIE
(Diesseitsbezogenheit)

Christliches Siegel
Fotokopie aus Hans Baum, Das Ultimatum Gottes, Seite 122

Rosenkreuzerisches Pseudosiegel
(Merkursiegel)

Die Drei in der
Vier

MAGNETEN DES GLÜCKS

eine sehr fragwürdige Reklame!

Tafel VI

Tierkreis-Symbolik

Kamea aurea!

Magisches Quadrat
666

Die Überschrift müßte lauten:
Die Schönheit im Dienste der Magie und des
S a t a n i s m u s

Ankh- bzw. Ansa-
takreuz (Henkel-
kreuz)

Tierkreismagie

Hexagramm-Magie

Das christliche Siegel existiert seit 1955. Es wurde trotz zahlreicher Vorlagen bei amtskirchlichen Stellen bis heute weder ernsthaft bearbeitet noch ernsthaft geprüft. Dabei hätte die Amtskirche nichts weiter zu tun als zu beurkunden, daß es nicht gegen die Glaubenslehre verstößt. Dieses Versäumnis rächt sich heute in einer Weise, auf die ich seit Jahr und Tag immer wieder warnend hingewiesen habe: Jetzt präsentieren Hochgradfreimaurerei und Rosenkreuzerei ihre Pseudosiegel und die Kirche ist nahe daran, auf eines von beiden hereinzufallen. Das unitaristische beherrscht bereits den gesamten Progressismus, das rosenkreuzerische dürfte zum Zuge kommen, sobald die apokalyptischen Großkatastrophen auftreten. Während nämlich die Hochgrade nicht auf die bevorstehenden Endzeitereignisse vorbereitet sind, weil ihr Würfelsiegel dazu keine exegetische Handhabe bietet, wissen bei den Rosenkreuzern nicht nur die Wissenden, sondern auch zahlreiche Nichtsatanisten um den Endzeitcharakter unseres Jahrhunderts. Dies erklärt sich daraus, daß das rosenkreuzerische Siegel nicht aus Off. 21, 16 abgeleitet wurde, sondern aus Off. 6, 2 und wahrscheinlich auch aus Off. 16, 13. Hätten sie auch Off. 12 und 7, 2 mit hinzugenommen, wären sie zu noch klareren Ergebnissen gekommen und längst Christen geworden. Jedenfalls glauben sie es sich leisten zu können, die Blamage der Freimaurer abzuwarten und dann erst auf den Plan zu treten.

Die Brüskierung der Kirche durch die Rosenkreuzer wurde bereits erwähnt. Sie nannten die Kirche den «zweitausendjährigen Esel», der noch immer nicht wisse, welche der «beiden Disteln» er fressen soll. Die «beiden Disteln» sind die beiden Siegel.

Über die Aussage des rosenkreuzerischen Siegels zu sprechen, ist hier nicht der Ort.

Auf Tafel V soll lediglich demonstriert werden, wie gefährlich nahe die Rosenkreuzer dem christlichen Siegel gekommen sind. Sie zeigen «Bogen» (als Mond getarnt) und «Kranz» oder «Kreis» (als Sonne getarnt) und setzen unter die Sonnenscheibe das «Kreuz», das hier nichts weiter bedeutet als die Zahl Vier, die mitunter auch in der Scheibe zu lesen ist. Die beiden Enden und der Tangierungspunkt von Bogen und Kreis ergeben die Zahl Drei. Also auch hier: *Die Drei in der Vier!*